世界五千年科技故事丛书

卢嘉锡题

世界五千年科技故事丛书

数学发展的世纪之桥

希尔伯特的故事

丛书主编　管成学　赵骥民

编著　杨述春

吉林出版集团 | 吉林科学技术出版社

图书在版编目（CIP）数据

数学发展的世纪之桥：希尔伯特的故事 / 管成学, 赵骥民主编.
-- 长春：吉林科学技术出版社，2012.10（2022.1 重印）
ISBN 978-7-5384-6090-2

Ⅰ.① 数… Ⅱ.① 管… ② 赵… Ⅲ.① 希尔伯特，D.（1862～1943）
－生平事迹－通俗读物 Ⅳ.① K835.166.11-49

中国版本图书馆CIP数据核字（2012）第156231号

数学发展的世纪之桥：希尔伯特的故事

主　　编　管成学　赵骥民
出 版 人　宛　霞
选题策划　张瑛琳
责任编辑　朱　萌
封面设计　新华智品
制　　版　长春美印图文设计有限公司
开　　本　640mm×960mm　1 / 16
字　　数　100千字
印　　张　7.5
版　　次　2012年10月第1版
印　　次　2022年1月第5次印刷

出　　版　吉林出版集团
　　　　　吉林科学技术出版社
发　　行　吉林科学技术出版社
地　　址　长春市净月区福祉大路 5788 号
邮　　编　130118
发行部电话 / 传真　0431-81629529　81629530　81629531
　　　　　　　　　　81629532　81629533　81629534
储运部电话　0431-86059116
编辑部电话　0431-81629518
网　　址　www.jlstp.net
印　　刷　北京一鑫印务有限责任公司

书　　号　ISBN 978-7-5384-6090-2
定　　价　33.00元
如有印装质量问题可寄出版社调换

序 言

十一届全国人大副委员长、中国科学院前院长、两院院士

放眼21世纪，科学技术将以无法想象的速度迅猛发展，知识经济将全面崛起，国际竞争与合作将出现前所未有的激烈和广泛局面。在严峻的挑战面前，中华民族靠什么屹立于世界民族之林？靠人才，靠德、智、体、能、美全面发展的一代新人。今天的中小学生届时将要肩负起民族强盛的历史使命。为此，我们的知识界、出版界都应责无旁贷地多为他们提供丰富的精神养料。现在，一套大型的向广大青少年传播世界科学技术史知识的科普读物《世

界五千年科技故事丛书》出版面世了。

　　由中国科学院自然科学研究所、清华大学科技史暨古文献研究所、中国中医研究院医史文献研究所和温州师范学院、吉林省科普作家协会的同志们共同撰写的这套丛书，以世界五千年科学技术史为经，以各时代杰出的科技精英的科技创新活动作纬，勾画了世界科技发展的生动图景。作者着力于科学性与可读性相结合，思想性与趣味性相结合，历史性与时代性相结合，通过故事来讲述科学发现的真实历史条件和科学工作的艰苦性。本书中介绍了科学家们独立思考、敢于怀疑、勇于创新、百折不挠、求真务实的科学精神和他们在工作生活中宝贵的协作、友爱、宽容的人文精神。使青少年读者从科学家的故事中感受科学大师们的智慧、科学的思维方法和实验方法，受到有益的思想启迪。从有关人类重大科技活动的故事中，引起对人类社会发展重大问题的密切关注，全面地理解科学，树立正确的科学观，在知识经济时代理智地对待科学、对待社会、对待人生。阅读这套丛书是对课本的很好补充，是进行素质教育的理想读物。

　　读史使人明智。在历史的长河中，中华民族曾经创造了灿烂的科技文明，明代以前我国的科技一直处于世界领先地位，涌现出张衡、张仲景、祖冲之、僧一行、沈括、郭守敬、李时珍、徐光启、宋应星这样一批具有世界影响的科学家，而在近现代，中国具有世界级影响的科学家并不多，与我们这个有着13亿人口的泱泱大国并不相称，与世界先进科技水平相比较，在总体上我国的科技水平还存在着较大差距。当今世界各国都把科学技术视为推动社会发展的巨大动力，把培养科技创新人才当做提高创新能力的战略方针。我国也不失时机地确立了科技兴国战略，确立了全面实施素质教育，提高全民素质，培养适应21世纪需要的创新人才的战略决策。党的十六大又提出要形成全民学习、终身学习的学习型社会，形成比较完善的科技和文化创新体系。要全面建设小康社会，加快推进社会主义现代化建设，我们需要一代具有创新精神的人才，需要更多更伟大的科学家和工程技术人才。我真诚地希望这套丛书能激发青少年爱祖国、爱科学的热情，树立起献身科技事业的信念，努力拼搏，勇攀高峰，争当新世纪的优秀科技创新人才。

目　录

目 录

引 子

一百多年前。

1900年8月8日，国际数学家大会正在巴黎召开。巴黎城内人群拥挤，物价飞涨，天气炎热。《纽约时报》号外报道了俄国和法国的战事，报道了美英德日正在加紧策划它们对中国的军事行动。而中国当时正在兴起义和团运动。

在巴黎大学的小山上，国际数学家代表大会的代表正在倾听着一个人的演讲。

他中等身材，宽阔的前额引人注目。已经光秃的头顶，疏朗地余留着淡红色的发丝。高高的鼻梁上架着一副眼镜，明亮的蓝眼睛透过闪亮的镜片，射出坚毅的目光。嘴，丰满而大，下巴细巧，一眼就可以看出，这是一位纯真而又有卓越才智的人。

这位不到四十岁模样的讲演者的讲演，吸引着每个听众的心。

"我们当中，有谁不想揭开未来的帷幕，看一看在今后的世纪里我们这门科学发展的前景和奥秘呢？我们下一代的主要数学思潮将追求什么样的特殊目标？在广阔而丰富的数学思想领域，新世纪将会带来什么样的新方法和新成果？"

在这次大会上他提出了横跨数学领域里尚待解决的23个问题。

他就是大名鼎鼎的数学家——希尔伯特。

一百多年来，"希尔伯特就像穿杂色衣服的风笛手，他那甜蜜的笛声诱惑了如此众多的老鼠，跟着他跳进了数学的深河。"多少数学家为解决这些问题不懈奋斗，推动着20世纪数学的发展。现在，希尔伯特提出的23个问题，约有一半已得到圆满解决，还有1/3仍悬而未决。其中第八个问题，就是广为人知的"哥德巴赫猜想"，也称1+1问题。我国著名的数学家陈景润在解决这个难题上取得了世界最佳成果（也称1+2问题）。

　　希尔伯特是位了不起的数学家。他到底做了些什么？

　　希尔伯特是数学世界的亚历山大。在整个数学版图上，留下了他那巨大显赫的名字：希尔伯特空间，希尔伯特不等式，希尔伯特算子……

圣地哥尼斯堡

有一次，朋友聚会，大家谈起到底哪座德国的城市最美。有人说德累斯顿，有人说是慕尼黑，希尔伯特则坚持说："不，不，德国最漂亮的城市还属哥尼斯堡！"

1862年希尔伯特就诞生在哥尼斯堡。

美丽的小城哥尼斯堡，紧靠着波罗的海。作为东普鲁士的首府时修建的古城堡仍坚固地屹立在市中心。海鸥在绿色的草地上恬静地休息。海风阵阵，使海水的盐味、鱼虾的腥味、木材的松香味夹杂着烟雾，在城市上空缭绕。不远处可见海浪拍击着渔船闪亮的篷帆。

哥尼斯堡位于叫做普累格尔河的两条支流之间。两条河在离它不远处汇合，汇合处离波罗的海只有几千米。在市内有七座各具特色的桥。在希尔伯特出生前的大约一个世纪，这些桥曾引发了一个轰动世界的数学问题。

事情是这样：古老的哥尼斯堡大学位于市内克奈芳福岛上。每到傍晚时分，大学生和居民们总要散步于这七座大桥之间。不知是谁提出这样一条有趣的漫步路线：既不重复、又不漏过任何一座桥。许多人参加了尝试。多次反复，都没有达到目的（也许有人有兴趣，按桥的位置画一图，用笔试一试，但全试一遍，可不容易，所有可能约有5000余种）。于是，几名大学生写信给当时在彼得堡的大数学家欧拉，请求帮助。年仅29岁的欧拉，没几天就回信了，并给出了问题的答案。不过答案与学生们的期望相反：一次不重复地走过这七座桥是不可能的。欧拉解决问题的方法非常独特，他没有试遍所有的可能，而是应用变换技巧。他把岛、河岸抽象为点；桥，抽象为线。于是，问题就变成：在每一条弧都只准画一次的条件下，用笔连续不断地一次画出这个图，即一笔画问题。

对于下图，一笔画不可能。

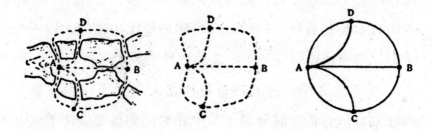

欧拉答案的意义，在数学史上被永远地记载着。因为它成为一门新兴的学科——拓扑学与现代图论的一个重要发端。

哥尼斯堡人亲身体验了数学的巨大力量、数学的奥妙无穷和乐趣。哥尼斯堡桥承载着哥尼斯堡的文明和文化传统，启示着后人。

哥尼斯堡人杰地灵。多少位科学家的名字和哥尼斯堡紧紧相连。与哥尼斯堡这座幽静古城的名字相连的首数著名天文学家、哲学家康德。

康德一生没有离开过出生地哥尼斯堡。康德父亲是个马鞍匠，幼时家境十分贫苦，在亲友的资助下勉强读完了中学和大学。他在做家庭教师期间就开始了自己的科学生涯。他一生博览群书，兴趣十分广泛。他教过哲学、逻辑学、数学、物理学、地理学、人类学和教育学。在无人指导和帮助下，康德的科学研究取得了巨大成就，在科学上做出了重大贡献。康德首次提出了关于太阳系起源的星云假说。在他以前，牛顿曾把行星的运动归结为上帝的第一次推动。康德的哲学思想对哲学和科学产生过很深的影响。

康德的名字使哥尼斯堡更加光彩。在哥尼斯堡大教堂附近，树立了他的半身塑像。每到10月22日康德的诞辰，地下圣堂对外开放。

像哥尼斯堡所有的孩子一样，希尔伯特总是在母亲的带领下，去瞻仰被月桂花环绕的康德的半身像，仔细端详他那熟悉的面孔，一字一句地拼读着圣墙上的格言：

"世上最奇妙的是我头上灿烂的星空和我内心的道德准则。"

科学多么奇妙，多么迷人。康德的形象有时也许会模糊，但科学的崇高和神圣，在希尔伯特的心中是清楚而又清醒。

在希尔伯特10岁左右时，有一家人搬到了哥尼斯堡。他家的小儿子，一位比希尔伯特小两岁的小神童，成了希尔伯特的终生好朋友。他就是后来成为世界上不可多得的大数学家闵可夫斯基。两位少年时代的好朋友，同时成为时代的骄子。

美丽的哥尼斯堡，真是巨人的摇篮。

选　择

　　哥尼斯堡市中心高高耸立的古城堡是它古老文明的见证。早在13世纪，它是东普鲁士的首都。而城市中的煤气照明和马拉轨道车，却是当时也就是一百多年前城市现代化的象征。几乎在希尔伯特出生的同时，威廉一世在这座大教堂里戴上了普鲁士的皇冠。当时科学和艺术得到了极大的发展，而法律观念更是深入人心。

　　希尔伯特的父亲是当地的一位法官。当法官的父亲对儿子要求极为严格：一个人应该这样规定自己的行动，每天要走同一条路；除了每年一次到波罗的海度假以外，要在哥尼斯堡扎根，绝不准越雷池一步。

同时，父亲教育希尔伯特，要求他具有普鲁士人的美德：准时、节俭和信守义务；勤奋、遵纪和守法。

希尔伯特的母亲出身商人之家，受过良好的教育，是位不凡的女性。她对天文学、哲学和数学有着浓厚的兴趣，而且对素数的性质着了迷。

双亲对家中唯一的男孩希尔伯特寄予很大希望。在当时，如果希望小孩将来成为专家、牧师或大学教授，那就一定得去念预科学校，那样，才能去念大学。希尔伯特的父母为他选择的预科学校——腓特烈预科学校，在哥尼斯堡久负盛名。伟大的康德就是这所学校的毕业生。希尔伯特8岁开始上学，比一般的孩子晚了两年。他先上这个学校的初级部，以便准备进入预校。

父母为他选择了名牌学校，可这所老学校太因循守旧了。这所预科学校已经创建二百余年了。德文中"预科学校"这个词和"体育馆"拼法一样。从这里可以推知预科学校建立之初人们对它的期望。它被想象成是智力体操的训练场所。围绕这个主要想法，一些过去成形的知识便具有至高无上的权威性。拉丁语、希腊语、语法、历史和哲学成为传统课程，还有数学，但分量非常少。至于自然科学的新发展，在这个预科学校几乎不讲授。

　　语言课占了课程的大部分时间，而且大部分课程都需要死记硬背。希尔伯特觉得自己记忆东西非常困难，语言课常常引起他不愉快。有些需要理解的新概念，他也不是理解得特别快，因为每当要理解一件事情时，他总是要通过自己的消化把它彻底搞清楚。多年之后，当希尔伯特已经成名，回忆起童年往事时，希尔伯特说，自己小时候是个笨孩子。这也许有点夸张，但希尔伯特小时候不是神童，那倒是真的。

　　学习方面的困难，使希尔伯特更加刻苦用功。朋友们回忆他小时候："希尔伯特讲过的每一件事情，不管言语多么使人费解，甚至自相矛盾，都使人感到他那种强烈的、常常是感动人的追求真理的愿望。"他喜欢数学，不用死记硬背的数学，最适合他的口味，但他没有放松自己。通过努力，他顺利地通过了拉丁语和希腊语的考试。

　　也许是腓特烈这所老牌名校给希尔伯特的束缚太多了，使他感到耽误了不少科学研究工作。在预校学习的最后一学期，他转到了威廉预科学校。这是一所公立学校，学校注重科学教育，尤其是注重数学，在这里甚至讨论几何学新发展的前沿，这在当时其他中学里是做不到的。

　　有了这个新的转机，希尔伯特如鱼得水。新思想、新内容给希尔伯特注入了新的活力，激活了他的天赋。他所有课程的成绩都提高了。几乎所有的课程——德语、拉丁语、希腊语、神学和物理学，都得了"优等"。数学得了当时的最高分数"超等"。

老师对他毕业的评语也许是对他未来从事数学的一种激励，但肯定是他一生作风的写照：他的勤奋"堪称模范"，"对科学有浓厚的兴趣"，"他对数学表现出极强烈的兴趣，而且理解深刻；他用巧妙的方法掌握了老师讲授的内容，并能有把握地、灵活地应用它们"。

在预校，希尔伯特通过了考试，并得到了上大学的资格。

上大学，学习什么呢？

本来，希尔伯特当法官的父亲，坚持让儿子去学法律，做法官。希尔伯特的祖父也是法官，还有一个叔叔是律师。在普鲁士，一个人可以通过文官的晋级而获得法官的职位。这种职位既舒适、安全又有身份。可希尔伯特却不顾父亲的反对，报名学了数学。从事数学研究是希尔伯特心中多年的愿望。

初入高等学府

1880年秋，希尔伯特迈进了家乡的哥尼斯堡大学。

哥尼斯堡虽然远离首都柏林，可哥尼斯堡大学却是非常令人钦羡的一所大学。它建校于1734年。时逢德国经济发展迅速时期，随之而来的科学技术的发展，使哥尼斯堡大学杰出的科学人才相继出现。

康德在哥尼斯堡大学毕业。他曾被聘为哥尼斯堡大学的有薪金的讲师。后来又被聘为逻辑学和哲学教授。康德的思想对那时的一代人影响很大。在哥尼斯堡流传着许多康德的佳话。比如，康德为了保持自己的创造活力，为自己制定了铁的纪律：准时在晚间10点就寝，每天早晨5

点起床，一天只吃一顿饭，每天按时散步。他的守时堪称模范，以至他的邻居们经常根据他早晨出现的时间来对时钟。

哥尼斯堡大学有着优秀的数学传统。大数学家雅可比曾长时间在这里执教。"雅可比行列式"，这是我们在线性代数教材中见到过的术语。这位雅可比，是与大数学家高斯同时代的、欧洲仅次于高斯的著名数学家。他是数学重要分支——椭圆函数论的创始人之一。他在数论、微分方程和变分学等许多学科都有重大发现，以"雅可比"命名的重要学术用语就有二十几个。还有里奇劳特、魏尔斯特拉斯和纽曼。他们都给哥尼斯堡大学带来了深刻的影响。数学思想的种子在这里播撒，在这里萌芽、长成。哥尼斯堡大学在德国数学界已经有了相当的影响。

就在这时，希尔伯特迈进了哥尼斯堡大学的校门。他进了哲学系，因为那时数学还划在哲学这一门类下。

希尔伯特在这里感受到了自由的学术气氛，德国大学里的这种自由学术传统在世界上是首屈一指的。大学里没有预科学校那么多严格的规矩，教授们想教什么课程就教什么；学生们想学什么课就学什么。不规定必修的时数，平时既不点名也不考试，直到要获得学位时，才考一次。

突然降临的自由，真让人措手不及，眼花缭乱。大学第一年，许多学生把时间用在喝酒和斗剑上。自由非常迷人，希尔伯特多年就企盼着——他终于能自由地把全部精力投入到数学中去。

从一直保存至今的希尔伯特在大学里的初次听课的笔记，可以看出他那稚气的笔迹，有时还可以看到记录中出现的拼写错误，但完全没有丝毫的马虎和潦草。

希尔伯特在这里学习数论、函数论、不变量理论，这都是当时最新、最时髦的理论。

希尔伯特在大学读了整整两年时，闵可夫斯基在柏林学习三个学期后，忽然回到了哥尼斯堡，他来哥尼斯堡大学听课。真是幸运，两位少年时的朋友又相聚在同一所大学。

闵可夫斯基比希尔伯特小两岁。大约在希尔伯特10岁时，闵可夫斯基一家从沙皇统治下的俄国搬到了哥尼斯堡。闵可夫斯基一家是犹太人，沙皇政府压迫他们。闵可夫斯基的父亲是位商人，政府限期让他出售商品，不准许他赢利。闵可夫斯基的哥哥不能进入预科学校，因此不能上大学，也因为他是犹太人。这样他们不得不离开俄国，搬到了哥尼斯堡，住在与希尔伯特家只隔一条普累格尔河的靠近铁路车站的一座古老的大房子里。

闵可夫斯基家庭背景和受到的教育与希尔伯特截然不同。

闵可夫斯基的二哥是位医生和医学研究家，他曾发现糖尿病和胰脏之间的联系，而以"胰岛素之父"的称号闻名于世。

当希尔伯特在预科学校学习令人心烦的古代语言时，闵可夫斯基的妹妹在练钢琴，闵可夫斯基在阅读莎士比亚、席勒和歌德的作品。闵可夫斯基几乎能把歌德的著作全部背下来。闵可夫斯基兄妹各个都才能出众。尤其是闵可夫斯基，更被称为神童。他只用了5年半时间就学完了预校8年的课程。据说有一堂课，老师把一道数学题解错了而"挂了黑板"，同学们异口同声地叫道："闵可夫斯基，去帮帮忙！"

闵可夫斯基从柏林大学回到哥尼斯堡大学时，年仅17岁。他胸怀大志，正在为赢得巴黎科学院的数学科学大奖而沉浸在艰苦的研究之中。

那时巴黎科学院张榜征求下述问题的解：将一个数表示成5个平方数的和。闵可夫斯基的研究结果远远地超出了原问题。第二年，评审结果出来了：刚刚18岁的闵可夫斯基与著名的英国数学家亨利·史密斯共享了这份数学科学大奖。

竞赛结果轰动了哥尼斯堡，轰动了数学界，并引发起一场风波。

法国报纸说，闵可夫斯基的论文应该按竞赛规则用法文书写。而英国数学界，则掀起了愤怒的风暴。英国的数学家们不接受这一事实。他们认为让一个小孩子和他们已过世的大数学家分享一份数学大奖，简直是丢英国人的脸。因为这项大奖比史密斯在世时所获得过的任何一项荣誉都更伟大。

确实是这样。18岁的闵可夫斯基，一副孩子模样。圆而丰满的脸颊带着几分稚气，鼻子上架着一副学究式的夹鼻眼镜。他十分腼腆，无论什么时候，谁要是直接注意他，他便会立刻满面羞红。

一项大赛，一场风波，一位新人。在巨大的舆论压力下，评委会没有丝毫的动摇。法国的大数学家巴黎科学院院士约当从巴黎写信给闵可夫斯基，鼓励他说："干吧，我请求你，干成一个伟大的数学家！"

闵可夫斯基出名了，在哥尼斯堡更是家喻户晓。希尔伯特同样感受到了数学成功的巨大喜悦，可希尔伯特的父亲却告诫儿子，不要冒冒失失地去和"这样知名"的人交朋友。希尔伯特不顾父亲的反对，和腼腆并且有天赋的闵可夫斯基成了挚友。

希尔伯特与闵可夫斯基的友谊在数学史上是最美的篇章。

苹果园散步

　　希尔伯特出生时，虽然欧洲数学之王高斯已经去世7年了，但自高斯开始，德国数学之花却盛开不败，并在科学百花园中引人注目。当时世界重大数学成果，由德国数学家作出的，占了近一半。一大批杰出人才，为数学史写下了不朽篇章。比如，提出"麦比乌斯带"的麦比乌斯；射影几何学方面的斯太纳，函数论方面的古德曼；解析几何方面的普吕克；椭圆函数论方面的雅可比；解析数论方面的狄里克莱，还有维尔斯特拉斯、黎曼、代德金、果尔丹、施瓦尔茨、康托尔、克莱茵……

　　科学的繁荣，曾使人们对科学力量的信仰达到了像敬神一样的程度。但希尔伯特念大学时，在一些科学哲学的讨论中，却出现了这样的现象：人们对一些问题，比如物质和力的本质、运动的发端、感觉和意识的起源等问题，认为无法解答。也就是说，认为人对自然的认识有极限，有一些问题根本不可能认识。

哥尼斯堡大学的数学教授林德曼的成就，给像希尔伯特一样的年轻人很大的启示。林德曼证明了π的超越性问题。

所谓超越数，是相对代数数来说的。一个系数都是有理数的方程：

$$a_0x^n+a_1x^{n-1}...+a_n=0$$

它的任何一个根，不论是实数还是复数，都叫代数数。对超越数来说，它不满足任何一个这样的方程。

以前，一些大科学家曾猜测π可能是超越数，这一问题一直吸引着19世纪数学家们的兴趣，但一直没有得到证明。林德曼获得了成功。由于π的超越性的证明，首次解决了"化圆为方"的不可能性。"化圆为方"是个古老的问题，它说的是用圆规、直尺作图，已知一个圆，求作一个正方形，使它们面积相等。假定已知圆半径为r，所求正方形边长为x，于是应该有$x^2=\pi r^2$，求出正方形边长$x=\sqrt{\pi}r$

。因为所有可以用圆规、直尺作出的数都是代数数，π是超越数，因而用圆规、直尺作不出来，"化圆为方"也不可能。这个问题曾经困扰历代数学家长达两千多年。

由于证明了π的超越性，解开了千年古题之谜，林德曼教授名声大震，成了数学界的名人。这是1882年的事情，当时希尔伯特正在跟林德曼学习数学。

希尔伯特从林德曼那得到了巨大的启示。一切数学问题都是可解答的："每一个确定的数学问题必定能得到一个准确的回答：或者给所提问题以实际的肯定答案；或者证明问题是不可能的，因此所有企图证明它成立的努力必然失败。"

事实上并没有不可解的问题，只是人类的研究深度还不够。

希尔伯特与闵可夫斯基在这一点上是相通的。对数学前景的美好憧憬，对数学研究的热爱，怀着极大的乐观主义，他们共同执著地追求着，努力着，为了神圣的数学。

希尔伯特大学四年级时，又一位朋友走进了他们中间，这就是赫维茨博士。

赫维茨比希尔伯特大3岁。那时是25岁，可已经是副教授了。赫维茨也是个天才。他的父亲是一名普通的工匠，家中生活清苦。在预科学校念书时，他的数学才能被老师舒伯特所赏识。老师常常在星期天专门向他传授自己擅长的数学学问，还劝说赫维茨的父亲，让儿子继续深造，并同赫维茨合作研究，在赫维茨念预校时就撰写、发表论文。赫维茨的父亲从朋友那借钱让赫维茨上了哥廷根大学。

赫维茨在德国当时最年轻有为的数学家克莱茵的门下学习，并获得了博士学位。对于希尔伯特来说，赫维茨是见过世面的人，他曾在柏林听过那些"大人物"——大数学家的课，因此，在学问方面，他知道前沿在哪里。赫维茨在数学研究方面有坚实的基础，又经过很好的整理，并在函数论方面做过了令人瞩目的工作，尤其是赫维茨无论办什么事，都追求尽美尽善。

新老师朴实和聪慧，很快就吸引了希尔伯特和闵可夫斯基。不久，三个人建立起了深厚的友谊。

是啊，他们三个人，都深深热爱着数学，对未知的知识同样有着不懈的追求，朴实正直而又智慧闪耀。

三个人的友谊与数学和苹果树连在一起，这已是数学史上的佳话。

人们经常发现，每天下午"准五点"，三个人必定相会在校园内的苹果树下，进行"数学散步"。

三个人以这种最悠然有趣的学习方式，埋头讨论当前数学的实际问题，互相交换各自对问题最新近的理解，交流彼此的想法和研究计划。这真是一种学习的好方法。这种学习方法比在昏暗的教室或图书馆里啃书本不知要好多少倍。相互交流产生的成果，不是叠加，不是合一，而是飞跃。三个年轻人在数学研究领域中的进步真可以说是"飞速"。他们考察数学世界中的每一个王国——各个数学分支前沿发展的情况，研究最新的有意义的问题。三人之间结下了深厚的友谊。

希尔伯特后来回忆起这段美好时光："那时候没想到，我们竟会把自己带到这么远！"苹果树下的散步，结下了丰硕的果实。对于希尔伯特，数学散步成了他科学生活中的一个重要组成部分，同时也是他数学研究持之以恒的一个重要方法。希尔伯特肯定是感到了这种方法的好处。后来，他到哥廷根当数学教授时，安排每周四下午3点数学教授进行数学散步。在赫维茨去世时，希尔伯特发表悼词追念自己青年时代的朋友。在悼词里，希尔伯特回忆了3人在哥尼斯堡整整8年的数学散步。在哥廷根科学会纪念闵可夫斯基的演说中，希尔伯特又追述了与闵可夫斯基共同勘查数学王国的情景："我们的科学——我们对它的热爱超过了一切——把我们结合在一起。在我们的眼里，它就像一座鲜花盛开的园林。花园里有被人踏就的路，空闲时，你可以循着它去观花赏景，悠然自得。当一旁有个情趣相投的朋友做伴时，就更是如此。但是，我们还是喜欢去寻找那些深藏不露的小径，去发现更多出人意料的能大饱眼福的景色。当一个人向另一个人指点出这种奇景时，我们共同赞美它，真是其乐无穷。"

希尔伯特要寻找的那深藏不露的小径，那些等待被发现的问题，在哪里呢？

在数学世界的版图上，希尔伯特征程万里。他驻扎过的点——攻克的难关，一个接一个，占据了那么重要的位置。联结起来，形成了巨大的疆土。他真是个"王"——数学无冕之王。

踏上成功之旅

希尔伯特已经在大学度过了整整8个学期。为了取得博士学位，他开始选择题目做学位论文了。他自己喜欢研究连分数，后来林德曼告诉他雅可比早就给出了结果。希尔伯特又重新选择了代数不变量理论中的问题。这个问题虽难但有希望解决。他采用了一条全新的证明道路，漂亮地给出完全不同前人的证明方法。

1885年2月7日，在大学肃穆庄严的大厅公开举行的晋级典礼仪式上，希尔伯特面对两名对手选定了答辩题目。这两个命题横跨了整个数学领域。第一个是关于用实验确定绝对电磁电阻的方法；另一个是哲学问题。辩论时，希尔伯特回答了两名正式指定的数学同学有关这方面问题的质疑。他的论题抗辩对手之一是后来成为著名的地震学家的埃米尔·魏恰特。答辩结果证明，希尔伯特有能力领悟和抓住辩论中的重要问题，因此他被授予哲学博士学位。

校长主持了宣誓仪式，威严的声音中，表达了严格的要求，寄予了极大的希望：

"我庄严地要你回答，宣誓是否能使你用真诚的良心承担如下的许诺和保证：你将勇敢地去捍卫真正的科学，将其开拓，为之添彩，既不为厚禄所驱，亦不为虚名所赶，只求上帝真理的神辉普照大地，发扬光大。"

希尔伯特正是这样做的。现在他已经成为了博士，可仅仅是个博士。因为这在当时，如果你仅仅是个博士，那你甚至连给学生讲课的资格都没有，更不要说工资了。正常的程序应该是：首先，你必须再做出一件很有创造性的数学研究工作，从这项工作中必须看出你不愧为博士资格。如果教授会（那时学校里有教授会）对你的这项工作感到满意，你才能有讲师的称号，这时你才有了可以上堂讲课的许可和荣誉。但学校并不负责保证你的工资。讲师的工资全靠选听他讲课的学生的学费来支付。有教授、副教授在上课，一般的讲师开班，能有五六个学生就不错了。希尔伯特曾经开了只有一名学生的班，讲授解析函数（这个学生是美国人，后来成了研究不变量理论的重要人物）。

没有多少学生，没有多少工资，生活缺少保障不用说了。只有等到成为副教授才能从大学领取工资。一旦能成为教授，那就非常了不起了。在当时的德国，教授的地位十分显赫，名望高，待遇好。教授去世安葬时，常常在墓碑上刻有他们的学衔并标明他们最擅长的学科。可教授的人数太少了。因为即使在首都柏林，数学教授都只有三名（不是随便设的），在一般的大学里只有两名，而在哥尼斯堡，才有一名。

希尔伯特从一开始就把眼光放得很远。他不但要成为教授，而且要在数学领域里做出成绩，要像高斯、康德、雅可比一样的优秀。

青年希尔伯特25岁时，开始了在哥尼斯堡的讲师生涯。他果断地决定，作为一名讲师，他所选择的课目，除了教育学生外，还要教育自己。他决定不教重复的课，为的是全面了解数学。这对一个年轻人来说，仅有一般的勤奋是不够的，他必须不间断地学习。希尔伯特为实现自己的理想，扎实地努力着。在每天去苹果树下散步时，他和好朋友一起，系统地"勘查"数学。

希尔伯特真不愧是个数学大家。他做的许多事情，都让人感到他的深思熟虑。他的长远目标，以及为实现他的大想法，从现在起，从眼前起，步步紧扣地朝着目标努力。

希尔伯特站在了高处，瞭望未来，他看到了自己应该走的路。

哥尼斯堡远离首都柏林，比起柏林，哥尼斯堡处于数学活动圈子的外围。大数学家在这里工作的少，没有多少学生愿意到这么偏远的地方来学习数学。希尔伯特要了解大数学家们的想法，从那里他可以简捷地了解数学最前沿的问题，学习大数学家们的思考方法。

希尔伯特为未来自己的发展做出至关重要的选择：

"哥尼斯堡由于偏远带来的弊病，我希望能在明年作几次旅行来克服，也许，我将开始和果尔丹先生会面……"

4年前刚刚获得博士学位时，23岁的希尔伯特就曾到莱比锡去找菲力克斯·克莱茵学习数学。当时36岁的克莱茵已是数学界的一名传奇式人物了。克莱茵20岁刚过，便成果累累，22岁获哥廷根大学教授资格，23岁当上了爱尔朗根的正教授，并在就职典礼上发表了"关于现代几何学研究的比较考察"的讲演。这个讲演在历史上非常有名，它首次提出把许多看起来毫无关系的几何，在群的概念下统一起来，并给出了分类。他的工作，影响了几十年几何学的研究方向（这些内容现在在有些研究生的课程中仍然可以见到）。

当时，希尔伯特参加克莱茵主持的讨论班，后来同克莱茵结下了深厚的友谊。

那时，他还接受克莱茵的建议，访问了正是科学活动的蜂巢——巴黎，拜访了法国数学大师庞加莱。庞加莱已经发表了一百多篇文章，被提名为科学院院士。希尔伯特与拜访者交流最关心的"关于不变量"的课题。初步的访问使希尔伯特受益无穷。1888年，认真选好线路的学习旅行开始了。他顺路共访问了21位科学家，首要的访问目的是拜见"不变量之王"果尔丹。

被称为"不变量之王"的果尔丹，也是个传奇人物。他比希尔伯特大25岁，那时已经五十多岁了。他很晚才从事科学事业，但他聪慧机敏，有非凡的计算能力，很重友情。人们常常看到，当他独自一个人散步时，总是在心里做着长长的计算，嘴里不停地大声嘟囔着。几乎所有的时间，他都在考虑代数不变量的理论。他常常喝着著名的埃尔兰根啤酒和年轻人在一起大声交谈不变量问题，不变量就是他的生活。

什么是不变量呢？一般的不变量指被研究对象在某一种变换下保持不变的量。比方说，我们可以理解的，一条线段或一个多边形，无论平移还是旋转，它们线段的长度和角度都不变。那我们就说几何图形的长度和角度是刚体变换（如平移或旋转）下的不变量。

当我们建立了坐标系，比如在平面上，水平坐标即横坐标记为x，垂直坐标即纵坐标记为y，平面上的任何一个点等价于一对实数(x, y)，这样，几何图形就可以用代数方程来表示，代数方程也可以用几何图形来表示。

这种表示方法要归功于笛卡尔发明的解析几何。

当一个图形相对坐标轴的位置改变时，比如平移或旋转一个三角形，图形本身的形状和大小不改变，但是它的方程会有很大的不同。人们反过来这样考虑问题：由于长度和角度不变，那么与图形中不变的量相应的代数形式的某些性质是否也应该保持不变？哪些是不变的量？有些什么规律性的东西？

研究这些代数不变量，通过不变量来表征给定几何的特性，就非常有意义了。不变量的研究，用现代的话说，是当时的一个"时髦理论"，因为这个理论事关重大。它的意义可以从当时一位伟大的数学家的话中看出：

"正如俗语说，条条大道通罗马，所以至少就我自己的情况说，代数上所有研究迟早都要归宿到近世代数的大厦，在其闪闪发光的大门口上铭刻着'不变量'这几个字。"

代数不变量理论已经成了当时的研究热点。德国最重要的数学杂志《数学年鉴》，几乎成了国际上刊登代数不变量方面文章的独家论坛。

不变量理论研究的最初方向，是发现那些特殊的不变量，寻找都有哪些不变量。当许多不变量被求出后，数学家们转而又想研究这样一个问题：

　　"是否存在一组基（即一组个数有限的不变量），使其他所有的不变量（尽管它们的个数有无穷多），都能够用这组基的有理整形式表出。"

　　这就是著名的果尔丹问题。

　　如果通俗地理解这个问题，我们可以这样想：对无穷多的不变量，我们要寻找一个简捷的办法，用有限个最基础的不变量（称为一组基），通过运算，把它们都表示出来。如果这个问题解决了，不变量的结构就清楚了。这当然使问题简化了（数学总是追求简单化）。但最主要的是寻找到这个"基"。这个基，好比积木中的最基本块，所有造型利用它们都可以搭出来。但对构成基的这些积木块，也要有要求，就是这些积木块之间不能由你搭出它，由它搭出你。最好的比喻是色彩。无论怎样千变万化的色彩，你用三原色——红、黄、蓝都可以调出来，但这三种色，相互调不出来。这三原色就可以理解为色彩的一组"基"。但对千变万化的不变量来说，寻找所有的基，是非常困难的。

　　果尔丹自己证明了一种叫"二次型"的最简单的代数形式存在一组有限基。用有限个基，做出所有的二次型，可以想象这个问题多么困难而重要。果尔丹因为这项伟大的突破开始了他的科学生涯，仅仅如此，果尔丹就被冠以"不变量之王"，而且上述没有解决的其他一般情况下的不变量的基的问题，也被命名为"果尔丹问题"。

希尔伯特拜访果尔丹时，果尔丹完成二次型的证明已经20年了。20年来，多少数学家在努力探索这个问题，结果还是没把果尔丹的证明再向前推进一步。

拜访果尔丹时，希尔伯特已经深入地研究了果尔丹问题，现在听了果尔丹本人的讲述，更激起了他无法遏制的创造力和丰富的想象力。

希尔伯特离开了果尔丹，但果尔丹问题陪伴他上了火车，旅途还没有结束，他就针对果尔丹本人关于二次型的那个定理的著名证明，重新给出了一个更短、更简单也更直接的证明。关于这个证明，一位美国数学评论家说："当知道那煞费苦心得来的一直流行的果尔丹的证明，能够用另一个不占满四开本四页纸的证明所代替，确实令人愉快而惊讶！"

3月出发，访问了21位数学家，回到哥尼斯堡时，"果尔丹问题"占据了希尔伯特整个的身心。无论是工作还是娱乐，甚至吃饭时，他都在思考。到了8、9月份，也就是半年后，他给哥廷根科学会寄出了一份短短的文章。他完全出人意料地采用一条全新的证明路径，宣布这个著名的果尔丹问题已获解决。

整个数学界为之一惊。

人们还没弄清这是怎么回事，几乎是完全不相信这项结果。暂短的平静之后是万丈波澜。当希尔伯特关于果尔丹定理的证明出版时，一些老资格的数学家甚至说，"至今我还没有能够确实弄懂你所得到的这样的证明。"林德曼断定，希尔伯特的方法，令人不快、有害、古怪。

果尔丹本人则大声疾呼："这不是数学，这是神学。"

为什么这些大数学家也不能接受希尔伯特的工作呢？

过去，果尔丹解决问题的方法是算。他通过具体计算，求出问题的解——把有限基构造出来，就像解方程一样，把根具体求出来。果尔丹写的文章有时全是公式，有时公式推演竟长达20页。

除了繁难的计算以外，果尔丹的算法证明确实比较可信。已经造出来了，摆在那，那就是真的解决了问题。自从果尔丹解决了二次型中最简单的情形以来，数学家们一直企图把果尔丹的结果再向前推进一步，把一般情况下的问题给予解决。他们也都采用果尔丹的办法，去算，去构造出这个基。当时，在德国《年鉴》上发表的不变量的文章，整页纸登不下一个单独式子的情形，司空见惯。研究者们使用这种构造的方法，虽然不能见效，但却一心想用这种方法解决问题。他们总在寻求更好的技巧，以为它还没被人发现。

希尔伯特换了一种想法，他感到，要获得预期的证明，唯一的办法，是要用与过去不同的途径。他把算法工具搁置一边，从本质上改变了问题的提法，从逻辑上证明，这个基是存在的。相对于果尔丹，他并没让人看到这个基，而只是证明了基的存在性。现在这种证明方法很普通，但在当时，人们完全不能接受。这种解决问题的办法，非常像亚历山大解开难解的果底亚斯结。

相传在果底姆有辆著名的战车，有一根用山茱萸树皮编成的绳索牢牢地捆在上面。按当地居民的习俗，无论谁想取得那保留着的世界地位，就应该把绳结解开。传说亚历山大发现绳结缠绕盘转，绳头又隐包在结的里面，自己无法解开这个结，于是拔出宝剑将它砍为两段。

故事说的是亚历山大采用了反常规的办法，出人意料地解决了问题。希尔伯特把握了问题的全局，深刻地认识了问题的本质，他的反常的思维方式，的确像亚历山大一样，给世人一个意外的惊奇。

希尔伯特继续这方面研究，不变量之王果尔丹给出了希尔伯特的一个定理的另一种证法。果尔丹向希尔伯特表示了这位老人难得的向年轻人表示的敬意。并诚恳地表示，没有希尔伯特的工作，没有希尔伯特发展起来的数学概念，自己的证明是不可能得到的。

数学界这时才普遍认识并接受了希尔伯特的工作和影响。

在这之后两年，希尔伯特一直在寻找强有力的工具，把"基"造出来。功夫不负有心人。因为有了存在性证明，问题容易多了。现在希尔伯特找到了构造方法，那个看得见的"基"，他已经造出来了。

正如闵可夫斯基形容的："我早就清楚，由你来解决掉这个老的不变量问题，只是个时间问题——就像是'i'只缺了那个点；但是它竟如此出奇地一下子给解决了。"

　　希尔伯特的办法相当简单。但他这个成就所带来的深刻影响，却是无法估计的。听听别人怎么说吧，从这里你可以体会到他工作的巨大意义。

　　闵可夫斯基高兴极了，他为朋友的成就而激动，文学灵感腾空翱翔，他描绘出这样的景象：希尔伯特的第一个存在性证明，也许产生了一阵烟雾，遮掩了果尔丹的眼睛；现在希尔伯特找到了一种无烟火药，强盗王们——果尔丹和其余的人的城堡已被夷为平地，而且有着再也无法重建的危险。

　　果尔丹优雅地退让了：

　　"我一直确信，神学也有它的价值。"

　　希尔伯特用他特有的极其漂亮的方式和结果，结束了一直被人们讨论着的不变量理论。后来一位数学家写道："整个理论的呼吸停止了。"

　　令人惊奇的还在于，解决这一问题的希尔伯特连副教授都不是，那时他还不到30岁。

　　学习旅行使希尔伯特开阔了视野。希尔伯特解决果尔丹问题用到的一条引例，其中的概念，就是在拜访克隆尼克时得到的。希尔伯特把它派上了大用场，解决了大问题。他解决问题的思想自然朴素，既不玄，也不神。希尔伯特的思想让人感到又自然，又朴素，又简单，又深刻。思想的灵感，闪光的火花，在交流中迸发。希尔伯特踏上了成功之旅。他认识了自己，认识了钻研个别重大问题的意义，认识了交流的重要。他正在攀登现代数学的高峰，努力成为第一流的数学家。

把过去和未来聚在一起

当新旧世纪之交时，37岁的希尔伯特收到了一份邀请函，希望他在第二次国际数学家代表大会上作一个主要发言。

三年前，第一次国际数学家代表大会在瑞士的苏黎世举行。希尔伯特没有出席那次大会，他曾阅读了会上提出的全部论文。

希尔伯特到底做了些什么？为什么要他来作报告？

这份邀请函源于希尔伯特丰富多彩的研究活动和他所表现出的巨大的创造活力产生的影响。

在解决果尔丹问题之后的几年里，希尔伯特在学术界的地位上升了。他获得了有薪金的副教授的职位（闵可夫斯基也成了副教授）。

当教授会通过了他晋升职位的同时，他对好朋友闵可夫斯基宣布了自己的婚期。他的妻子喀娣小他两岁，始终如一地和他站在一起，为人直率，并且有非常独到的见解。一年后，他们有了儿子。31岁时，希尔伯特又晋升为教授。

希尔伯特的研究工作有了新进展，他给出了e和π的超越性的新证明。他的证明比以前埃尔米特和林德曼的方法出奇的简单。

希尔伯特已经果断地离开了不变量，又开始献身数论了。

高斯曾把数论描绘成"一座仓库，贮藏着用之不尽的能引起人们兴趣的真理"。数论中有许多数值关系是非常明显的，可证明它们又"异常困难"。素数（仅能被1和自身除尽，素数被称为数系的积木）间的关系是经典数论中最重要的关系。

希尔伯特在德国数学年会上提出了关于将一个域中

的数分解成素数？的两个新证明。他虽然刚刚步入这个领域，但他的能力已经深深地打动了其他与会成员。当时数论方面的研究远远超前了时代，以至个别数学家的一些研究成果，也让当时的大多数数学家无法理解它。数学家们希望希尔伯特和闵可夫斯基用简明和清晰的数学表达方式说明它们。会上，经大家公议，请他们"在两年内"准备一篇数论发展现状的报告。

对一个年轻的数学家来说，多数人并不情愿这种分派的任务。但希尔伯特不这样想。他自愿把自己原来的计划放在一边。他阅读了自高斯时代以来的所有发表过的有关数论的著作，对一切已知定理的证明，他都仔细研究，重新评价，判定哪些证明中的原理能推广，对进一步研究更有用。

希尔伯特全力以赴准备数论报告，以至于当报告于1897年问世时，它无论在哪一方面都超出了数学会成员们的期望。他们本来只要求对当前这门理论发展的现状作一个概述，但收到的却是一个丰富而又简单明了、优美而又完整的理论。这份报告为其他数学家提供了大量的富有启发的东西。希尔伯特在这篇报告中有许多创造性工作，其中他所阐明的一条定理，至今仍被称为"定理90"。这条定理中包含的概念导致了现代一门重要数学——同调代数的发展。

紧接着，希尔伯特又转向了几何基础的研究。

公元前3世纪的欧几里得综合整理前人零散的研究成果，运用演绎的方法，把数学知识组织起来，撰写出一部13卷本的巨著《几何原本》。我们现在在初中所学的平面几何内容，主要是源于它。

在《几何原本》中，首先给出了我们熟悉的那些定义：点、线、面等23个定义，然后是5条公理，5条公设。从这些定义、公理和公设出发（这些公理和公设都是不用证明的，它的真实，我们用经验就可以保证了），欧几里得又推出了467个定理。

《几何原本》千百年来广为流传，以至欧几里得成了几何学的同义语。

后来，数学家们想更加完善这门几何学，要简化和充实。他们认识到，欧几里得十分优美精湛的工作，还有瑕点。比如欧几里得第五公设，即平行公理：通过平面上给定直线外任何一点，至多只能作一条直线不与该直线相交。一些数学家怀疑这条公设可以由其他公设推出，因而千百年来多少数学家在"第五公设"上做文章。高斯、鲍耶、罗巴切夫斯基得到了平行公理不能得到证明的结论，并由此引出了"非欧几何"的诞生。新几何的诞生经过几十年刚刚被人承认。在希尔伯特着手几何基础研究之时，一些数学家正在进一步揭示非欧几何的意义。

希尔伯特进入这一领域还能超越前人吗？

希尔伯特真的超越了前人，他为完善欧几里得几何学的伟大工作画上了句号。

希尔伯特的几何，也是从点、线、面开始，也用到了那些老的关系，即关联关系、顺序关系、线段和角的合同关系。但这些定义已经不同于欧几里得的定义有直观的背景。他用老瓶装新酒。他的定义所含的内容更广泛了。

他的定义只相对于他的公理所表达的关系成立。因此，希尔伯特曾形象地说，我们完全可以用"桌子、椅子、啤酒杯"来代替点、线、面。希尔伯特的几何学的一个结果非常有趣。许多年以后，人们发现可以通过一组特定的公理，推导出果蝇的遗传规律。

他的《几何基础》著作一出版，立即吸引了整个数学界。书出版以后的几个月内，成了最畅销的数学书。它被译成了多种语言。连他的学生们都奇怪，希尔伯特怎么能一再闯入新的数学领域，并很快就做出这样有影响的工作呢？

希尔伯特的工作像一股巨大的旋风，人们来不及观察它的无穷快速变幻。希尔伯特又转而研究一个著名的老问题——"狄里克莱原理"。

这个联系着许多伟大人物名字的问题，在物理学上非常有意义，或者说有用。在希尔伯特着手研究这个问题的50年前，大数学家黎曼曾在博士论文中自由地运用过这一原理并给这个原理以他老师狄里克莱的名字命名。当时有一位数学家叫魏尔斯特拉斯，对狄里克莱原理提出批评，认为它不严格。魏尔斯特拉斯又找出了反例，说明这一原理不能永远成立。黎曼认为批判是正确的，但他又不动摇，因为这个原理在数学物理中实在太有用了。人们哀叹："如此美而又如此有广阔应用前景的狄里克莱原理，已经从我们的视线里永远消失了。"

希尔伯特不同意魏尔斯特拉斯对这个原理的批判，他认为"诱人的简明性和丰富的应用性"是与"它的内在的真实性"相联系的。在黎曼论文发表差不多50年之后，希尔伯特的工作救活了这个原理。不到6页的论文，几分钟内的表述，使狄里克莱原理复活了。惊叹和赞美充满了会场。

在希尔伯特工作的启发下，在修正的狄里克莱原理基础上，黎斯进一步工作，终于在今天，计算机才能成为日益成功的数值计算工具。

希尔伯特的工作已经在数学界产生了巨大影响，一位未来的诺贝尔奖获得者称他是"我所见到的最伟大的天才"。

过去的一个世纪，科学经历了多么巨大的变化！新世纪展现在面前，它是那么诱人。希尔伯特接受了邀请，打算发表一个与世纪之交相称的演说。

希尔伯特考虑两种题材：或者与上届大会上的演讲相应，作一次为纯粹数学辩护的演讲；或者就数学发展中个别问题的重要性讨论一下新世纪数学发展的方向。

希尔伯特与好朋友闵可夫斯基商量。闵可夫斯基建议："最有吸引力的题材，莫过于展望数学的未来，列出在新的世纪里，数学家们应当努力解决的问题。这样一个题材，将会使你的讲演在今后几十年的时间里成为人们议论的话题。"

然而，对下一个世纪做预言并不是件容易的事情。正如我们今天要预言下一个世纪一样。想一想，如果让我们预言下一个世纪，那将是多么困难！不要说100年，想想10年前后的变化，已经令人瞠目结舌了。中国100年前清王朝还没结束，那时的任何人也想象不到今天的发展！

希尔伯特还是选中了这个题目，他思考着20世纪数学的发展。国际数学家大会预定8月份召开。到6月份了，希尔伯特的讲演稿还没有写出来，大会的日程安排表上因此没有列入他的讲演。

离会期还有20多天的时间，希尔伯特给老朋友寄去了他的讲演稿的清样，讲演的题目是"数学问题"。

1900年8月6日上午，法国数学家庞加莱宣布第二次国际数学家代表大会开幕。

本来有一千多名数学家要参加在巴黎召开的这次大会，他们还将携带家眷参观百年一次的博览会。可当时巴黎天气炎热，时有战争消息，而且物价飞涨，结果出席会议的代表总数不到250人。

希尔伯特的讲演安排在8月8日上午。38岁的希尔伯特的讲演成为数学史上有历史意义的重大事件。他所提出的23个问题，在今天仍是数学家们议论的话题。

"现在，当此世纪更迭之际，我认为正适于对问题进行这样一番检阅。因为，一个伟大时代的结束，不仅促使我们追溯过去，而且把我们的思想引向那未知的将来。"

"数学的有机的统一，是这门科学固有的特点，因为它是一切精确自然科学知识的基础。为了圆满实现这个崇高的目标，让新世纪给这门科学带来天才的大师和无数热忱的信徒吧！"

希尔伯特提出的重要而又有待解决的23个具体的问题，通常称为希尔伯特问题或巴黎问题。

由于希尔伯特崇高的声誉，由于23个数学问题的重大意义，20世纪数学问题吸引了整个数学界。一个数学工作者只要解决了巴黎问题中的任何一个，就可使自己一举成名。希尔伯特的学生，22岁的德恩当年就给出了第3个问题的部分解答，次年获得完全解答。一个世纪以来，希尔伯特问题以巨大的诱惑力吸引着无数的数学家前仆后继，推动着数学的巨大进步。

联系两个世纪的巴黎讲演——过去和未来的聚焦点，它的光芒就是在今天也非常耀眼。

哥廷根的又一个春天

　　1892年希尔伯特收到克莱茵的一封信："为了我的科学团体，我需要你这样的人。这是因为你的研究方向，你丰富而强有力的思想，还有，你仍然处于富于创造活动的年龄。我指望你将给这里的数学学派增添新的内部实力。这种力量已经有过不停顿的增长，看来，它还将变得更强。甚至，你还会产生使我返老还童的影响……"

　　现在的克莱茵是世界公认的德国数学界的领袖。他非常威严，人们有时描绘他"像王一样"，有时甚至说他"神一样的菲力克斯"。

希尔伯特给克莱茵回信时，字斟句酌，反复修改，最后，由妻子用最漂亮的书法誊写好（他一生都保持这种习惯）。

信中写道："我的一切努力所追求的最终目的，我本来希望只能在遥远的未来才能够实现的宿愿，已经有了实现的可能……丝毫不必怀疑，我将万分喜悦并毫不踌躇地接受哥廷根的召唤。"1895年，33岁的希尔伯特来到了哥廷根，伴随着希尔伯特一生黄金时代到来的，还有哥廷根的更加辉煌的传统和影响。

哥廷根那红瓦屋顶，那起伏环绕的山丘，那耸立至今的古老的瞭望塔，那围绕着哥廷根内城的古老城墙，以及城外的大学，今日更加耀眼了。又一位伟人来了。可这一点人们并没马上看出来。他极其普通，而且年轻，真有些看不出像个教授。从外表一点也看不出他那闪闪的光芒，可他带给哥廷根的却是更加全面的辉煌。

哥廷根大学为英皇乔治二世始建于1737年。英皇乔治原来是德国王子，是英国王室的近亲。英国安妮女皇没有子嗣继承王位，就请乔治兼任英国皇帝了。哥廷根大学藏书非常多。建校50年后，"数学之王"——与阿基米德和牛顿齐名的高斯曾在这里学习。

高斯的父亲先后做过园丁、运河看管人和泥水匠。高斯于1795年作为勃隆斯威克公爵的被保护人而进入哥廷根大学。在大学学习期间，高斯就已经完成了用正17边形尺规作图和代数学基本定理等具有历史意义的重大成果（这两项成果，我们现在的教科书还在介绍），并形成非欧几何的思想。在大学里，他产生了那么多好思想以至于往往来不及去逐一研究。高斯毕业后，潜心研究数学，出版了数论杰作《算术研究》。后来他重回哥廷根，担任天文台台长，兼教授的职责。高斯一生创造颇丰。他不仅是数学之王，而且是卓越的天文学家与物理学家。他在天文学中的一个重大贡献，是计算谷神星的轨道。

1801年，意大利天文学家皮亚齐在西西里岛的巴勒莫天文台核对星图。偶然发现金牛座附近有一颗8等星在移动。他连续观测41天之后，这颗星失去了踪影。天文学家无法根据这41天的观察数据来确定这颗新星的轨道，因而无法在苍茫的太空中再次找到它。

高斯对这个问题着了迷。他用了几个星期的时间，创造了一种行星轨道计算法。按照高斯的方法，果然找到了这颗被后人命名的"谷神星"。

高斯重视数学的实际应用。

他坚持观测天象长达50多年。他对大地测绘学也投入了精力，他绘制了世界上第一张地球磁场图。高斯自己曾估计，他实际进行测绘时所画的图大约有一百多万张。

高斯对物理学的贡献也是多方面的。

高斯与韦伯两人首创了电磁铁电报机——世界上第一台实用电报机。高斯还在光学、力学等方面有卓越研究成果。

爱因斯坦曾评价说："高斯对近代物理理论的发展，尤其是对相对论理论的数学基础所作的贡献，其重要性是超越一切，无与伦比的……"

高斯一生同时在纯数学与应用数学两个方面都做出了划时代的贡献。他开创了哥廷根数学与自然科学尤其是物理学的有机结合，以至于形成了哥廷根的传统和无形力量。

高斯的后继者，哥廷根的教授狄里克莱在数学史上留下一连串名词：狄里克莱空间，狄里克莱函数，狄里克莱原理，狄里克莱泛函……

黎曼是高斯与狄里克莱的学生，也是他们在哥廷根的继任人。黎曼虽然早年去世，但在数学史上已经赫赫有名。

把哥廷根科学传统推向新阶段的是克莱茵，克莱茵把希尔伯特，后来又把闵可夫斯基和龙格汇集到哥廷根，使哥廷根的数学达到鼎盛时期。

希尔伯特来到哥廷根，差不多是高斯来校后的整整一百年。一百年后的今天是更加的辉煌。

由于克莱茵的崇高声望，使哥廷根吸引了众多的外国学生。英国人、法国人、匈牙利人、意大利人，后来还有日本人。尤其是美国人，他们甚至自己制作了专用信笺，上边印着"哥廷根美国侨民居地"。

克莱茵擅长行政管理，他有很多特别的创造，以至于最后成了克莱茵的标志。克莱茵在哥廷根的数学活动中心开辟了一个阅览室。在这里所有的书刊都是开架的。学生可以直接取阅。同时还在学生等待上课的走廊设置了大量的数学模型。

初到哥廷根，希尔伯特还担心，他会不会辜负克莱茵的期望。

到了1902年，40岁的希尔伯特已经开始享有一个数学家所能享有的最高声誉了。十几年来，他在数学上的一串串胜利记录，使数学界为之惊叹。外国科学院纷纷选他为院士。德国政府授予他"枢密顾问"（大致相当于英国的爵士）的头衔。

希尔伯特当法官的父亲是数学的外行，对儿子事业的成功，一直很怀疑。数学成就的伟大意义对门外汉说也说不清楚，更不要说欣赏了。但当这些荣誉纷纷而至时，他对儿子的成功确信无疑了。

在希尔伯特40岁生日过后，他接到柏林方面的邀请，请他到柏林当教授。

柏林是首都，是德国文化的中心。像希尔伯特这样的德国领头的数学家应该到首都工作。

希尔伯特要到柏林去！消息在校园内迅速传开，使讲师和高年级学生心烦意乱。

当时哥廷根的数学已经令人想窥探底细了。有个叫史密特的学生专程从柏林来到哥廷根侦察，并将这里的情况与首都的无敌三人小组（三位当时最著名的科学家）领导下的首都数学教育相比较。哥廷根的数学留下了这位史密特。"一个人哪怕只在哥廷根作一次短暂的停留，呼吸一下那儿的空气，都会产生强烈的工作欲望……"史密特决定不回柏林，留在了哥廷根，同时还引来了他的朋友一起到这里。

他们从各地来到哥廷根，他们要到希尔伯特这儿学习数学，他们不愿意让希尔伯特离开哥廷根。他们推出三名代表去希尔伯特家，请求他留在哥廷根。希尔伯特夫妇在花园里用果子露甜酒招待他们，但没有表态。人们以为他决心去柏林了。

希尔伯特并不想离开哥廷根。他感到，为了他的数学事业，小城市比大城市好，交流思想方便，同大自然接触多。而且克莱茵的管理才能强，使他的双翼没有负担。要知道，希尔伯特呆在高斯的大学，这正是他的夙愿。

但人们看到希尔伯特频繁往来于哥廷根与柏林之间。是啊，他正在借此机会，解决一个问题。他需要一个能够提供亲密的科学与个人友谊的同事，作为留在哥廷根的条件。希尔伯特要求在哥廷根设立一个新的数学教授的席位，并聘请闵可夫斯基担任。这时闵可夫斯基正在苏黎世当教授。

设立一个新的教授席位，是非常难的，但希尔伯特成功了。

一些教师和学生听说希尔伯特不走了，并且闵可夫斯基要来哥廷根时，欣喜若狂。数学俱乐部组织了一次祝宴，一个正式的烟酒晚会，表示庆祝，并向希尔伯特致敬。

这是1902年，希尔伯特与闵可夫斯基这对二十多年的老朋友共同迎来了科学生活中的又一个美好的春天。

共同的青春

　　希尔伯特与闵可夫斯基两个人性格在许多方面极不相像，但他们的心是相通的。

　　还在念大学时，闵可夫斯基因出色的数学工作在柏林曾获得过一笔奖金。他把这笔钱给了一个家境贫寒的同学。这件事，闵可夫斯基没有告诉任何人。事隔很久，那位同学的哥哥才把这件事告诉了闵可夫斯基的家人。

　　闵可夫斯基十分腼腆，在人多的场合，他常常怯场，即使是在青年人中间，他也会因为众目睽睽而显得局促不安。

　　闵可夫斯基尽管性情温柔，但他在本质上是长于批判的。他关于数论的研究，使哥廷根成为数论研究的中心。闵可夫斯基非常钟情于物理学，他几乎应该成为一名物理学家。他有时几乎完全是在物理的海洋中尽情畅游。希尔伯特却不然，对于物理学，他还只能说是知其大概。爱因斯坦曾在苏黎世跟闵可夫斯基学习数学。当时，他觉得闵可夫斯基的讲演是那样的枯燥无味，但到后来，他才明白，情形恰恰相反，正是闵可夫斯基创造了空间与时间的数学概念，才奠定了广义相对论的基础。

在哥廷根，人们称闵可夫斯基为"一位真正的数学诗人"，并且因为能聆听这位诗人的讲演而骄傲。闵可夫斯基充满朝气、稚气，对科学的追求和挚爱贯穿他的一生。

有一件很有意思的事。闵可夫斯基在讲拓扑学时，提到这个领域尚未解决的著名问题——四色定理（这个定理说，有四种颜色就足以给任何一张地图着色，而保证相邻两个区域不会着同一种颜色）。

"这条定理还没有得到证明，但这是因为到现在为止只有一些第三流的数学家对它进行过专门研究。"闵可夫斯基向学生宣称："我相信我能够证明它。"

他当场开始证明，下课时，他还没有证出来。再上课时，他又接着证。就这样，几个星期过去了。在一个阴雨的早晨，闵可夫斯基又走上了讲台，这时正好一道闪电划破天空，雷声轰鸣，大雨倾盆而至。他一副严肃的表情："老天也被我的骄傲激怒啦！"他承认自己对这个定理的证明也不完全，之后又接着上课（1976年，美国数学家利用电子计算机协助，证明了四色定理）。

多年来，希尔伯特论著的校样——数论报告，第二次国际数学家代表大会上的讲演，狄里克莱原理的证明……他都要先交给闵可夫斯基校阅，几乎万无一失。保存的闵可夫斯基的信中有很感人的记录：

"204页上似乎需要更详细的说明"，"既然要做这么多注解，我不可能答应你看得太快……"

建议和校正的信件在两位朋友之间往来不断。

现在闵可夫斯基来到哥廷根，两个好朋友又走到一起了。友谊永驻于共同的科学追求之中，生活是多么美好！

"打一个电话，或者是沿街走几步路，向他所在的书房或角窗上扔一块小石子，都意味着要进行一项数学或非数学活动。"

希尔伯特再也不感到孤单了。

每个星期天早晨，两个好朋友照例要和他们的妻子一道出发去野餐，后来还带上孩子们。他们在那里的树荫下举行露天舞会。

希尔伯特是个快活的人，同时享有"不知疲倦的舞蹈家"与"使人着魔的人"的盛名。希尔伯特不仅是数学家，同时又是生活的欣赏者。

由于闵可夫斯基的到来，希尔伯特在家里举行的晚会，有了更大的欢乐。晚会上，留声机播放着伴奏的乐曲，桌子上堆满了食物，地毯卷到一边，准备跳舞。但主要内容是谈话。只要有人提出一个话题，比如有人问希尔伯特有什么见解，希尔伯特总会斩钉截铁地回答。闵可夫斯基同希尔伯特不同，他更像个诗人。

又比如，人们问希尔伯特，对占星学怎么看，希尔伯特会毫不犹豫地告诉你："要把天底下最聪明的十个人集合起来，请教他们世界上最愚蠢的事是什么？他们一定会告诉你：没有比占星学再愚蠢的了！"

他们谈论着，将来最重要的技术成就是什么？"到月亮上去抓苍蝇。"为什么？"因为要实现这一目标，所必须解决的附加技术问题，就意味着要解决人类面临的几乎一切物质困难。"

而每天早晨，当希尔伯特的助手玻恩来到希尔伯特家时，一般闵可夫斯基都在。他们一起讨论希尔伯特上午就要讲授的教材。希尔伯特常常告诉学生，"问题的完美提法意味着问题已解决了一半。"他绝不能容忍数学课只填鸭式地向学生灌输各种事实，而不教会他们怎样提出问题和解决问题。他只对那些将在课堂上提出的一般原理感兴趣。在备课时，他拒绝准备细目。他的目的是为解决问题搭一座桥。

希尔伯特与克莱茵有许多不同。克莱茵的讲演广征博引。开始讲课之前，他脑子里已经有了讲课的周密安排，讲演过程中写上黑板的东西不必擦掉，整个黑板是讲演内容的精妙概括。

希尔伯特讲演的特点是简练、自然、逻辑严谨。而且有时忽然展开自己的某个想法。希尔伯特的创造欲是那么旺盛，时时都可能爆发。

希尔伯特的课，有时会讲砸。他站在讲台上，细节推不出来，或者推错了，有时要助手上台帮忙。希尔伯特可能耸耸肩膀，"对啦，我应该准备得更好一些，"然后就下课，或者匆匆往下讲。希尔伯特的举止，绝不受听众多寡和地位高低的影响，即使皇帝来了，他也会照样讲课。

可一般人都承认，在哥廷根，没有一个教师能赶上希尔伯特。他教数学，学生感到是"活"的。希尔伯特的一名学生，后来成为大数学家的魏依尔曾回忆说："希尔伯特是个杰出的范例，在他身上显露了真正科学天才的无限创造力……我听的第一堂数学课简直太迷人了……那正是希尔伯特讲的关于 e 和 π 的超越性的著名课程。"

"没听到像希尔伯特这样的人讲授基础课的年轻人，真是太可惜了！"

希尔伯特给富兰克林一个人讲课的时代早已过去了。现在，经常有好几百人挤在大厅里，听他讲课。有时一些人甚至倚靠在窗台上听课。

数学教授仍然每周进行一次数学散步。每周四下午3点散步准时开始。现在是四个人了。哥廷根大学在克莱茵的努力下新近设立了应用数学的正教授席位。在德国，专门为应用数学设立教授席位，这还是第一次。龙格，这位杰出的实验物理学家同时又是第一流的数学家担任了这个职务。

龙格是非凡的计算天才。有一次，教授们想对定于几年以后举行的一次会议作一预先的安排，需要知道这一年复活节的日期。复活节的推算涉及月相变化之类的事情（西方复活节规定设在3月21日或从该日起第一次月圆以后的第一个星期日），这些数学家们便开始寻找日历。但龙格没有动，他坐在那深思，只过了一会儿，他就说出了那一年的复活节应该是某月某日。

龙格对于机械学也非常有研究。当莱特兄弟造出第一架飞机后，龙格用纸片做了一架飞机模型，并用一些办法，相当准确地估计了发动机的能力，而在当时，莱特兄弟制造飞机的技术细节尚不为人知。

龙格在哥廷根体会到其他科学家和数学家间的密切关系，并且令人鼓舞的友好来往并不只是在地位较高的人之间进行。

布鲁门萨尔和策墨罗两人都是讲师。有一次他们打算开一门初等数论的试验课程。为了使计划有权威性，希尔伯特和闵可夫斯基总是定期去听他们的讲演。

严肃的科学背后，是热情洋溢的生活。希尔伯特不仅是舞会上的骄子，还是户外活动的积极参加者。希尔伯特和一些年轻的教师一起学习滑雪。在数学俱乐部上，希尔伯特告诉闵可夫斯基：“嘿，你知道，这玩意非常有趣，也很费力。”“今天下午，我不知道怎么回事就已经掉进一条沟里去了，我仰面朝天，躺倒在地，两只滑雪板翻到了上面，其中一只又掉下去滑下了山冈。这么一来，我不得不把另一只也脱掉，扛着它穿过深雪。”闵可夫斯基非常幽默地说："那么，你为什么不让第二只滑雪板也像第一只那样顺着同样的路滑下去呢？它会跑到它身边的！"

希尔伯特家和课堂之间是一段缓缓的斜坡，只要地上有足够的雪，希尔伯特喜欢滑着雪去上课。碰到这样的日子，他会上气不接下气地冲进讲课大厅，依旧穿着那双前头带尖、背后带扣环的肥大的挪威滑雪靴，跳上讲台那工夫，他已经开始讲课了。

到哥廷根一年以后，希尔伯特夫妇决定在威尔海姆·韦伯街上建一幢房子。这条宽广的菩提树林荫大道，深受教授们的喜爱。希尔伯特的住宅是一幢黄砖建筑。它没有时髦的豪华装饰，但很宽敞，四岁的儿子可以在房子里玩而不影响父亲的工作。房子背后有个宽敞的院子，他们还养了一条取名彼得的狗。希尔伯特喜欢在户外工作，他利用邻居的院墙，挂了一块18米长的大黑板，同时修了一条带顶的廊道，即使天气不好，也可以在户外活动。后来，自行车这种交通工具开始在哥廷根流行，希尔伯特就开始学习骑车。他在那块大黑板前工作时，自行车总放在一边，有时他突然停下来，跳上自行车，围着花坛转"8"字圈，几分钟后，自行车扔在地上，他又回到黑板前……

来访者络绎不绝。假如看不见希尔伯特，客人也可以往树上瞧一瞧，他是否在剪枝。而很多时候，尽管有客，他也会继续思考脑中的问题。

　　严肃和活泼，高度紧张和完全放松，这么和谐、这么有趣地在他的身上取得了平衡。

充满活力的俱乐部

到了20世纪20年代，哥廷根数学活动最精彩的节目就是数学俱乐部每周定期举行的会议了。

数学俱乐部是数学活动的自由天地。俱乐部不拘组织形式，没有负责人，没有会员，也不收费。由于俱乐部在哥廷根，而哥廷根的名望使俱乐部演讲变成非常高级的活动。外国科学家常来到这里报告自己最近的工作，但更经常的是哥廷根自己的人，他们在这里自由地发表演说，报告自己的新成果、新思想。

希尔伯特要求讲演必须高度简要、清晰。"只要蛋糕里的葡萄干。"对不符合要求的讲演者非常严厉。有一次，他打断一位演讲人的谈话："我亲爱的同事，恕我冒昧，你恐怕还不知道什么是微分方程吧。"讲演者被弄得很狼狈，转身离开会场，躲到阅览室去了。有人批评希尔伯特不该这么做，可希尔伯特却坚持说："是他确实不知道什么叫微分方程啊，你们瞧，他不是到阅览室去查书了吗！"

尽管如此，能得到希尔伯特的评论，哪怕是批评，也是一种荣誉。世界各国的优秀数学家还是愿意到哥廷根数学俱乐部发表演说。

控制论之父——维纳年轻时曾在哥廷根做过演讲，报告自己的工作。演讲结束后，在晚餐席上，希尔伯特开始议论最近几年在哥廷根听到的演讲："现在的演讲比过去差远了。在我年轻的时候，人们都很讲究演讲艺术，演讲人对自己究竟要讲些什么以及怎样才能讲好，考虑是很多的。现在的年轻人却不这么干。在哥廷根尤其如此。我想世界上最差的演讲恐怕就是在哥廷根做的。今年情况更坏，我压根儿就没有听到一次好演讲，最近尤其糟糕。不过，今天下午有个例外……"

维纳以为要夸奖他了，可希尔伯特却说出了更尖刻的话："今天下午的这个演讲嘛，是最近所有这些演讲中最糟糕的一次！"

多年以后，维纳在自传中用了十几页篇幅来评论他在哥廷根的这次演讲。他仍把希尔伯特看做是"能够把巨大的抽象能力与实际的物理意义密切结合起来的伟大数学家，是自己学习的楷模。"

希尔伯特与闵可夫斯基一起主持一个联合讨论班，讨论电动力学。这个讨论班非常刺激，它所讨论的都是新的前沿问题。玻恩（后来他获得诺贝尔物理奖，希尔伯特的助手）受讨论班上思想的启发，决定选择这个领域的题目做学位论文。最后他要求希尔伯特考他。考前玻恩向希尔伯特请教，希尔伯特问玻恩："你觉得自己哪方面准备得最差？""理想论。"希尔伯特没说什么，玻恩以为不会考他这方面的问题。考试那天，竟然问的全是理想论的问题。希尔伯特说："我正好瞧瞧你对你所不了解的东西懂多少。"真实和进取，友谊与团结，是希尔伯特与朋友和学生之间的纽带，是他的团体充满活力的保证。

友谊与科学

哥廷根的辉煌令人瞩目。

20世纪初，全世界数学专业的学生都受到同样的忠告："打起你的背包，到哥廷根去！"

曾有这样的传闻：这座小城里住的全是数学家。当然这不是真的，这里还住着其他人。这里有一种四海之内皆兄弟的真诚。汇兑外币容易极了，从来没有人被问及护照的事。德国学生，尤其是年长一些的，对外国学生体贴入微。

哥廷根群星灿烂。在希尔伯特周围，他的朋友，他的学生，他们的创造力直到今天，我们仍可以感受到那巨大的价值。数学、航天飞行、计算机，它们都有哥廷根的印记。这真叫人不可思议。

是谁，又怎样同时造就了这样一大批人，使他们的工作如此巨大地改变着人类的生活？

对希尔伯特来说，友谊和人类团结是从事科学研究的重要条件，是保持自身创造力的源泉之一。

友谊和科学上的激励在希尔伯特生活中太重要了。

1909年1月12日，闵可夫斯基被突发的阑尾炎夺去了生命。在临危之际，他提出要见他的家属和希尔伯特。闵可夫斯基当年还不到45岁，正处于创造活动的高峰期。

那天接到通知，希尔伯特立即出发，但到医院的时候，闵可夫斯基已经停止了呼吸。接近黄昏时，希尔伯特写信给赫维茨："我亲爱的老朋友，对于我，现在只有你一个人是……"短短的信文，字迹模糊了。在信的末尾，希尔伯特又复述了闵可夫斯基一周内的活动：星期三，到柏林旅行后返回；星期四下午，去凯尔旅馆愉快远足；星期五，讲课和博士考试；星期天发病，星期天晚上进行手术。

当向学生宣告这件事时，希尔伯特哭了。学生们"由于教授在当时的崇高地位以及他跟学生之间相敬相亲的关系，看到希尔伯特流泪，几乎比听到闵可夫斯基去世所受到的震动更大"。

星期四下午，没有谈论数学的散步，数学教授们"准三点"最后守护闵可夫斯基的遗体。克莱茵教授甚至不能平静讲话，希尔伯特和龙格，他们眼泪汪汪，眼睛都哭红了。

在闵可夫斯基去世不久的一堂课上，希尔伯特正在上课。他在极度的精神重负下工作，心情烦乱。

课上，听讲者中间有一位年轻人，他不顾希尔伯特明显的错乱，多次打断希尔伯特的讲课，一次次地发问。希尔伯特愤怒了："我们不是在这里给你答疑。""可是您拿钱就是干这个的，枢密顾问先生！"课堂气氛马上紧张起来，接着是一阵令人不知所措的沉默。希尔伯特在等待这位冒犯者离开课堂，年轻人却固执地一动不动。最后，希尔伯特脸色苍白，转身离开了教室。

如果希尔伯特情绪正常的话，绝不会发生这样的事情。

整个春天，希尔伯特没有寄给哥廷根科学会科学论文。他和妻子用了许多时间陪伴闵可夫斯基的夫人和她年幼的女儿。希尔伯特担任了闵可夫斯基著作的总编辑，并且开始筹划一篇纪念闵可夫斯基的讲话。

希尔伯特把自大学以来闵可夫斯基给他的90封信全部读了一遍，几乎像重演了近三十年的整个生活、整个历史。

5月1日，哥廷根科学会举办专门会议，悼念闵可夫斯基。

希尔伯特发表了纪念闵可夫斯基的演说。希尔伯特又回到了他年轻的时代，他回忆着共同的生活，列数了闵可夫斯基的成就："尽管他虚怀若谷，不愿意抛头露面，但他的内心却抱有坚定的信念；他的许多工作将比其他一些同时代作者的工作更富有生命力，它们最终会受到普遍的赞赏。无论闵可夫斯基走到哪里，他的科学总在他的身旁。无论是去讲学旅行还是夏日去度假，在艺术陈列馆，在大都市的人行道旁，科学无时无刻不在引起他的兴趣，永远不会使他疲倦。对于我，他是天赐良玉——这样的宝物很少降临人世——我因能如此长久地拥有它而感恩不尽。"

在闵可夫斯基去世的二十几年后，在纪念希尔伯特70岁生日的晚会上，希尔伯特回忆起他一生的巨大幸运：跟闵可夫斯基和赫维茨的友谊放在最前边，之后是跟克莱茵的学习时光，数学旅行，遍访了果尔丹等其他许多科学家……闵可夫斯基的名字被几次提到。希尔伯特回忆道，他的突然去世"造成了人事和科学两方面难以弥补的空缺"。

为了科学创造，必须跟青年人保持接触，希尔伯特非常清楚，"我跟年轻人坐在一起，我总能从他们身上得到东西。"

希尔伯特爱护青年人。为他们伸张正义。在希尔伯特的档案中，有一份"纳尔逊事件材料"。

纳尔逊是一位跟希尔伯特交往多年的年轻人，是一位哲学讲师。几年前他在柏林大学取得学位后来到哥廷根。纳尔逊好争论，有独到见解，对人物批评、哲学和政治感兴趣。他的这种性格引起哲学教授的反感。在他试图获得讲师资格时，哲学教授会中的教授们提出反对意见。纳尔逊知道这个消息后，坐在自己的房间里，心情沮丧。这时忽然传来了敲门声。希尔伯特来了，他邀请纳尔逊到他家里吃饭。……希尔伯特绞尽了脑汁考虑如何使纳尔逊的论文得以通过。几年以后纳尔逊当上了讲师，并成为颇有名望的科学哲学家。

希尔伯特结交了很多年轻人。

希尔伯特的年轻朋友——西奥多·冯·卡曼，就是后来成为美国航空和空间研究方面有很大影响的那个冯·卡曼。他不是数学家，但是希尔伯特的朋友。他深受希尔伯特的影响，尤其是希尔伯特的积分方程理论，使得他在他的研究领域内取得了突破性的进展。他称希尔伯特是"科学史上最伟大的数学家"。

希尔伯特的助手玻恩当时是大学高年级学生，后来回忆他与希尔伯特、闵可夫斯基在一起的生活："不仅在科学方面，而且在为人处世方面，他们都为我提供了宝贵的学习机会。我敬慕、热爱他们两位；他们也把我看做一名年轻的同事相待，绝不让我感到我们之间在知识和经验方面的悬殊差距。"

希尔伯特爱青年，爱人才，他不拘一格，选择人才。

在希尔伯特的数学讨论班上，有名叫格罗美的犹太青年，作为旁听生参加学习。一天，希尔伯特的助手交给希尔伯特一篇申请博士学位的论文，请希尔伯特审阅。希尔伯特看着论文，双眼发亮。大多数论文只有"半个好思想"，好一点的论文也只有"一个好思想"，但这篇论文却有"两个好思想"。这是格罗美的文章，他正在申请博士学位。

可按当时的规定，非本校毕业的学生必须具有预科学校毕业文凭，才有资格申请博士学位，而格罗美没有进过预科学校。

格罗美从小喜欢数学，由于家境贫寒，他没有上预科学校而去了一所犹太法典学校受教育，以便将来做教士或做法官。从这所学校毕业后，格罗美得到了做教士的机会。按当地的风俗，要想成为教士，必须跟原来的老教士的女儿结婚才行。格罗美患有肢端肥大症：手脚畸形，老教士的女儿不肯与他结婚，格罗美没有成为教士，他完全放弃了这个念头，转而发愤攻读数学。

希尔伯特被格罗美的才华和遭遇感动了："如果我能为这个没有预科学校毕业文凭的年轻的立陶宛犹太人争取到博士学位，那可真是做了件有意义的事情！"

在教授会上，格罗美因为没有预校的毕业文凭，他的学位申请遭到教授们的否定。希尔伯特为格罗美申辩，希尔伯特指出，学历和才华，才华更重要。"如果没有预科学校毕业文凭的学生都能写出像格罗美这样的论文。那就必须做一条规定，禁止参加预科学校的毕业考试。"

教授们最后改变了态度，破例同意授予格罗美博士学位。

对朋友，希尔伯特正直、诚实、不怀偏见。

希尔伯特到哥廷根以后，有个叫魏依尔的年轻人来到哥廷根大学学习数学。魏依尔是个乡村小伙子，他到这里来，是因为他的中学校长是名叫"大卫·希尔伯特"的数学教授的堂兄。

魏依尔深受希尔伯特的影响。刚到大学时，他大胆地选听了希尔伯特预告的这学期的课程。魏依尔还缺乏必要的基础，因此大部分内容仅仅在脑子里一闪而过。可这些新的内容打开了这个偏远乡村小伙的眼界，新世界的门户敞开了。魏依尔跟希尔伯特学习不久，就下决心一定要竭尽全力阅读和研究这个人所写的一切。

这一年的夏天，魏依尔怀里夹着希尔伯特的《报告》一书，回家度假。整整一个假期，他没有丝毫的放松。希尔伯特清澈明晰的行文风格，希尔伯特特有的思维方式给这位未来的大数学家极其深刻的印象："仿佛是在一片阳光灿烂的开阔地上疾步穿行；在需要攀登一座山峰之前，放眼环顾，山石的轮廓和连通的道路都一目了然；然后，你就可以取径一直向上，没有迂回曲折，也不容徜徉徘徊。"

魏依尔后来总是把这几个月说成是他一生中最幸福的

日子。

魏依尔感到希尔伯特的巨大吸引力。希尔伯特"乐观、热情，他对于科学价值无可动摇的信仰，以及对于简化问题、追求简明答案的推理能力的坚定信心"。他感到希尔伯特就像一个穿杂色衣服的吹笛手，吹奏出甜蜜笛声，这笛声引诱一大群老鼠跟着他走进数学的深河。

魏依尔很快就获得了哲学博士学位，又成为无薪教授。魏依尔的数学研究涉及许多领域。他的《空间、时间、物质》一书是相对论的一部经典著作，五年内出版五次，流传极广。他在科学哲学方面也有权威著作。这一切使他在三十几岁的时候，就成为声名显赫的数学家。希尔伯特把他看作"数学儿子"。

可就是这个魏依尔，在希尔伯特批判布劳威尔的直觉主义的时候，他却宣布赞同布劳威尔的观点。魏依尔具有文学天才，他的言行，使布劳威尔的思想得到广泛的传播。

希尔伯特愤怒了。他认为按布劳威尔的计划，数学中就会丧失大部分最宝贵的精华。希尔伯特直率，愤怒溢于言表："魏依尔和布劳威尔的所作所为，归根结底……要对这门科学大砍大杀……"

就在希尔伯特猛烈抨击布劳威尔和魏依尔直觉主义那一年，魏依尔收到了希尔伯特的邀请信，希望他为哥廷根的科学传统贡献一生。

希尔伯特晚年，即将退休之时，他再次提名，请魏依尔来哥廷根做他的继承人，再创哥廷根新的辉煌。

魏依尔在他个人的科学生涯中，始终"忠于希尔伯特精神"。在德国的犹太数学家遭到纳粹迫害时，魏依尔奔走四方，努力保护科学人才，坚持哥廷根的科学传统。但因他夫人的犹太血统，他也不得不离开德国，去美国普林斯顿高等研究所工作。

希尔伯特的助手赫克后来成为伟大的数学家，他总是把给希尔伯特当助手，看成是自己一生的最高点。那时担任助手有报酬了，每月收入是50马克。希尔伯特认为这个数目太少了，他一直想办法解决它。有一次他对赫克说：下次去柏林一定要亲自跟文化部长交涉这件事。

过了一段日子，希尔伯特去柏林办事。他同文化部长谈完公务后，总觉得还落下了什么事没办，一时又想不起来。这时，他把脑袋伸出窗外（希尔伯特夫人正在对面楼下的花园里等候着他），喊道："喀娣，喀娣！我要说的另一件事是什么呀？""赫克，赫克！"希尔伯特回过头来，他看到的是部长非常吃惊的样子。希尔伯特向部长要求，将赫克的工资增加一倍。这位部长对几乎一切大学的事务都有最后的决定权。部长最后同意了。

　　科学和友谊是希尔伯特毕生的伴侣。希尔伯特的朋友，希尔伯特的学生，希尔伯特学生的学生遍及世界。

与物理学结缘

希尔伯特的23个数学问题的第6个问题是物理公理的数学处理。他要使物理学科像数学一样，从公理出发，通过演绎，推出全部观测结果。他认为物理学需要数学家，数学家要了解物理学的新发展。

差不多就在闵可夫斯基去世的同时，邀请最卓越的科学家到哥廷根进行私人学术交流的机会来了。

有位名叫保尔·乌斯克的达姆施塔的数学教授，临终前把10万马克交给哥廷根数学会，作为授予第一个正确证明费尔马大定理的奖金。在奖金未被人赢得之前，其利息可由哥廷根科学会的一个专门委员会自行处理。

希尔伯特当上了这个委员会的主席。

希尔伯特用这笔钱请法国大数学家庞加莱来访，讲授积分方程和相对论。请洛伦兹（我们在物理教科书上能见到的名字）讲授相对论和辐射理论。请索末菲尔德来哥廷根讲学，介绍物理学新进展。1913年春，希尔伯特利用这笔资金召开了为期一周的乌斯克会议，讨论物质运动理论。

在高斯时代哥廷根就有这样的传统：数学的抽象与物理问题相结合，推动科学的发展，也推动数学的发展。

耸立在哥廷根的高斯与韦伯纪念碑正是数学的抽象与物理问题相结合的哥廷根科学传统的象征。

希尔伯特很早就对物理学偏爱，他的朋友闵可夫斯基在物理学方面有显著的成就。

希尔伯特做讲师期间，赫兹证明了麦克斯韦尔预言的电磁波的存在，接着是一连串的新发现：伦琴发现X射线，居里夫妇发现放射性镭，汤姆森发现电子……爱因斯坦建立了狭义相对论……

物理学的伟大发现使希尔伯特欣喜若狂，但他感到物理学家的胜利中还缺乏某种秩序。

希尔伯特想用数学来改造物理学。

希尔伯特是通过研究积分方程进入物理领域的。他利用积分方程改造气体动力学理论。希尔伯特的工作给这门物理学带来了新的生机和广阔前景。多年以后，冯·卡曼写道："在宇宙飞行尚属科学幻想的60年前出现的这项工作，今天已成为有关人造卫星运行的大部分工程计算的基础。"

希尔伯特在广义相对论和量子力学的研究方面都做出了非常了不起的贡献。

爱因斯坦在研究广义相对论时，他的工作引起了希尔伯特极大的兴趣。希尔伯特试图达到同爱因斯坦同样的目标。与爱因斯坦不同，希尔伯特是从数学的角度研究相对论的。

当爱因斯坦向柏林科学院提交了两篇广义相对论的论文时，希尔伯特也几乎达到了同样的目的。第二年希尔伯特向哥廷根皇家协会提交了他关于《物理学基础》的一份注记。希尔伯特用与爱因斯坦完全不同但更为直接的方法独立地解决了这个问题。

关于广义相对论的伟大思想，希尔伯特坦率地承认应该归功于爱因斯坦。

当1915年颁发第三次鲍耶奖时，希尔伯特推荐了爱因斯坦。"因为在他的一切成就中所体现的高度的数学精神。"

鲍耶奖始于1905年。1905年匈牙利科学院突然宣布要颁发一种奖金。有一笔10000金克朗的奖金要授予那样一位数学家，他在过去25年中所取得的成就为数学进步做出了最巨大的贡献。

鲍耶是匈牙利人，是非欧几何的创始人之一，并且他的父亲是高斯的同学和终身诤友。鲍耶奖使整个数学界大为震惊。

匈牙利科学院指定了一个委员会来评定获奖者，法国的庞加莱获得了鲍耶奖，委员会同时表示了对希尔伯特的最崇高的敬意，并同时阐明希尔伯特的工作。

1910年秋，匈牙利科学院宣布，第二次鲍耶奖授予希尔伯特。庞加莱为介绍希尔伯特的工作，强调了希尔伯特工作的特点。

希尔伯特一直要用数学改造物理学。但希尔伯特不是物理学家，单靠数学的力量是不行的，还要了解物理学当前的发展和新的动态。

希尔伯特认为一个科学家不能光靠阅读文献来获得信息，还要交流。

他一直请老朋友索末菲尔德帮忙，请他为自己物色出色的年轻物理学家和学生做物理助手。希尔伯特的物理助手爱瓦尔德早年曾经跟希尔伯特学习过。希尔伯特让这个助手阅读有关课题的文献，然后向希尔伯特报告，两人互相交流，使希尔伯特很快地了解物理学的新进展。而爱瓦尔德通过这种学习，深入到了物理学的前沿，最终成为伟大的物理学家。

希尔伯特始终保持跟物理学朋友的友好交往。

一位访问哥廷根的学者曾赞叹哥廷根数学家与科学家的友好。

希尔伯特的朋友索末菲尔德对希尔伯特影响最大。他是德国最多产的一批年轻物理学家的中心人物。他在原子结构等方面有重要贡献。

希尔伯特的年轻朋友冯·诺伊曼1921年至1925年在布达佩斯注册学习，但他经常去哥廷根听希尔伯特讲演。他对希尔伯特的物理学思想非常感兴趣。两个人经常在一起长时间地热烈交谈。正是受希尔伯特量子力学思想的影响，冯·诺伊曼创立了量子力学基础的著名理论。

希尔伯特的物理学朋友还有尼尔斯·玻尔，他是哈拉德·玻尔的哥哥，两个人都对物理学做出了伟大的贡献。尼尔斯·玻尔还获得了诺贝尔物理学奖。

为期一周的乌斯克会议在科学史上是一次具有相当影响的科学聚会。

希尔伯特是会议的主席，参加会议的年轻人后来几乎都成了科学界的知名人物。这是一幅群星聚集的历史画卷，是科学之王和科学王子们充满生机创造生活的记录。在这次会议上希尔伯特认识了德拜，第二年他利用乌斯克奖金邀请德拜来讲学。

在讲学期间，希尔伯特与德拜组织了一个讨论班。讨论班大多数是外国学生。他们研讨的是最新的物理学动态。参加讨论班的人真切地感到物理学研究的活生生的脉搏仿佛就在他们的指尖上跳动。参加讨论班的年轻人几乎都成了杰出的物理学家，他们之中——

海森堡：1932年获诺贝尔物理学奖。他后来回忆："凡是20年代在哥廷根学习过的人，对于这种影响都有充分体会。希尔伯特和他的同事们创造了一种特有的数学环境，所有的年轻的数学家都是按希尔伯特积分方程和线性代数理论所体现的思想方式训练出来的……量子力学的数学方法原来是希尔伯特积分方程理论的直接应用，这确是一件特别幸运的事"

玻恩：1954年获诺贝尔物理学奖。玻恩早年在苏黎世大学学习。朋友告诉他，哥廷根是"德国数学的麦加"。他来哥廷根后深受希尔伯特影响，不久升为理论物理教授。后来主持这个讨论班。

泡利：1945年获诺贝尔物理学奖。

狄拉克：1933年获诺贝尔物理学奖。

波林：1954年获诺贝尔化学奖。

勃拉克脱：1948年获诺贝尔物理学奖。

康普顿、奥本海默都是与原子弹的研究有密切关系的科学家。

有人曾问希尔伯特，为什么不去证明费尔马大定理以赢得乌斯克奖，他回答道："干吗要杀死一只下金蛋的鹅呢？"

战胜病魔

1925年，在哥廷根是个多灾的年头。

在一个温暖、平静的黄昏，菲力克斯·克莱茵去世了。

哥廷根的一切，几乎都与克莱茵的努力分不开。哥廷根的人们很容易看到这一点。走廊里的数学模型，开架的阅览室，以大学为中心的各种技术研究所……

一个时代结束了。

希尔伯特此时也出了毛病。1925年秋，终于被确诊患有恶性贫血，这在当时是一种不治之症。

其实，希尔伯特已经病了很长时间了。他已经六十多岁了。由于迟迟没有得到确诊，使诊治耽误了很长时间。医生根据经验判断，他最多只能活几个月，甚至只有几个星期了。

不管医生怎么说，希尔伯特一直非常乐观。他不相信自己得的是恶性贫血病，而是症状相似但并不严重的病。他一直坚持工作，身体极度虚弱去不了学校时，他就把家里的餐厅当做讲演厅，上课，研讨。

当时正值哥廷根称之为"少年物理"的全盛时代（因为当时绝大多数的重大发现都是二十几岁的物理学家作出的），量子力学的新理论正在发展。希尔伯特要求他的助手向他介绍这一新理论。

虽然病魔缠身，希尔伯特还是预告了他关于量子力学的第一次讲演。

希尔伯特非常走运，也许是他的历史任务还没完成，上帝不要他。1925年，有两个人发现生肝在医学上有造血功效，到1926年，一位叫米诺特的美国人利用他们的成果制成药物，用来治疗恶性贫血。

哥廷根的一位药物学家在美国的一个医学杂志上了解到米诺特的工作，便向希尔伯特作了介绍。这篇文章既介绍和说明了这一新的治疗方法，同时对恶性贫血的不良预后进行了十分清楚的分析和说明。

希尔伯特看了全篇文章，他对新的治疗方法寄予极大的希望，那些警告人的细节，他却视若无睹。

哥廷根的数学教授兰道夫人的父亲是医学界的名人，她同医学界有广泛的联系。数学研究所的所长库朗帮她起草了一份很长很长的电报，发给远在哈佛的米诺特，说明病情，请求帮助。库朗还同时给哈佛大学的一个希尔伯特早期的学生，现在是哈佛大学的数学教授凯洛克发了一份电报。哈佛的数学家们也呼吁，支持哥廷根的请求。

米诺特手里只有一点药物，而且他们正处于试验阶段。而患者必须终身服用这种药物才行。哈佛大学附近的恶性贫血病人正在等待他们的治疗，米诺特及合作者对哥廷根的请求，表示无能为力。

美国领头的数学家、乔治·波克霍夫正在哈佛任教。他极力说服米诺特。当时他刚刚看过一出戏，是萧伯纳的作品《为难的医生》，戏与生活是那么巧合，叫人难以置信。剧中有一位医生，他只能救十个人的性命，在这种情形下，应当怎样来选择这十个病人呢？在戏里，剧作家的回答是：

"应当根据他们对人类的贡献来决定。"

　　米诺特被数学家们的倔强和执著所感动，答应了哥廷根的要求。

　　他给哥廷根那位药物学家发去一封电报，说明生肝调制法，请希尔伯特先服用大量生肝进行治疗，等从美国寄去的浓缩实验药剂到后，再改服此药。

　　米诺特的药寄到了。

　　一般认为，恶性贫血到晚期是不可能痊愈的。但希尔伯特例外，希尔伯特的身体服药后立竿见影地迅速好转。

　　希尔伯特很快就告诉人们，什么贫血病，它已经不存在了。

　　希尔伯特精神焕发，他致力于数学基础的研究，在数学俱乐部上讲演，外出访问，带领哥廷根数学家出席国际会议。

　　病魔带不走他，希尔伯特有再生的能力，那就是不屈不挠的希尔伯特精神。

拒绝签名

希尔伯特一生经历了两次世界大战。

1914年夏天，奥地利公爵斐迪南德在萨拉热窝被一个塞尔维亚学生刺杀了。它引发了第一次世界大战，奥匈帝国对塞尔维亚宣战。后来又有十多个国家卷入了战争。

这时的希尔伯特已经50多岁了。

希尔伯特认为战争是愚蠢的。

善良的人们很难把德国发动战争的野蛮同它在科学和艺术上的成就放在一起加以理解。人们感到了两个德国，一个是威廉二世的德国，好战；一个是哥德、贝多芬、康德的德国，高度的文明。

为了缓和舆论，德国政府开始制造假象。德国政府让它的一批最著名的有影响的科学家和艺术家发表一个宣言，告诉世人，他们拥护德皇。这个"告文明世界"的宣言逐条反驳了世界舆论对德国发动战争的种种说法。宣言的开头第一句话就是："说德国发动了战争，这不是事实。"又写道："说德国侵犯了比利时的中立，这也不是真实的。"

数学家中克莱茵和希尔伯特被邀请在宣言上签名。被邀请的还有一些著名的科学家，这些人今天我们还熟悉，他们名字的有：艾里奇、能斯特、普朗克、伦琴、爱因斯坦……

希尔伯特没有签名。他从头至尾地检查宣言中的每一个句子，"这不对吧……"他不能判断宣言中的每一个句子的真实性，他拒绝在宣言上签字。

没有签名的，还有爱因斯坦。巨大的过分的爱国热情使有些人盲目了。他们不能原谅希尔伯特。

希尔伯特不仅是一个德国人，而且还是一个普鲁士人。许多人不来听希尔伯特的课了。好像他真是一个卖国贼似的。希尔伯特不同于爱因斯坦，爱因斯坦同时是一位瑞士公民，希尔伯特是一位纯粹德国人，人们怎么能容忍他！他什么保护伞也没有，一时间，他孤立了。

文明世界却感到震惊，巴黎科学院开除了克莱茵（克莱茵一向极端的爱国，但他很快就后悔自己的草率签名，而没有先核实内容），保留了希尔伯特的位置。

希尔伯特的科学精神贯穿了他的一生，无论是在科学研究中，还是在一般的社会生活中。他真实、正直，而且有勇气面对困境，给人"坚硬"的感觉。

1917年，法国大科学家达布逝世的消息传到哥廷根。达布在几何和分析学方面有重要的贡献，达布积分就是以他的名字命名的。希尔伯特非常敬佩他，这不仅因为他的数学成就，而且因为他高尚的品德及他作为教师和行政管理人员对法国数学产生的巨大影响。希尔伯特立即赶写了一篇悼文，并在哥廷根的《通讯》上发表（这是他一生中所写的四篇悼文之一）。

当时法国和德国还处在战争状态。民族主义情绪有很大影响。一天，一群激动的学生聚集到希尔伯特的住宅前，疯狂的学生们谴责希尔伯特的背叛行为，他们大呼小号，要求希尔伯特收回这篇悼念"敌人"的数学家的文章，并销毁所有的复印本。

希尔伯特面对凶悍的学生，坚决地拒绝了他们。

他愤怒已极，跑到校长办公室。他向校长陈述了这些学生的恶劣行为，要求官方就这些学生的无理行为向他道歉，否则他就辞职。

希尔伯特很快收到了官方的道歉，悼念达布的文章继续刊行。

希尔伯特在战争爆发三周年之际所做的一个讲演的开场白，表达了希尔伯特一贯的精神：

"在国家生活中，每一个国家，只有当它同邻国协调一致，和睦相处，才能繁荣昌盛；国家的利益，不仅要求在每个国家内部，而且要求在国与国之间的关系中建立普遍的秩序——在科学生活中亦是如此。"

1918年，新上台的德国首相提出了停战要求，青年人又回到了课堂。战后多年，德国数学家一直没有收到任何国际会议的邀请。1928年，意大利数学家筹备1912年以来的第一次正式国际会议。他们恢复了对德国数学界的邀请。可许多德国人不想参加，一些大数学家也狂热地支持德国民族主义，鼓动德国所有的中学和大学抵制这次会议。

希尔伯特带病毅然率领一个由67名数学家组成的代表团出席会议。这是战后德国数学家第一次出席国际会议。

在开幕式上，当德国代表团进入会场时，人们看到了一个熟悉但又明显衰弱、苍老的人走在前头。霎时间，全场鸦雀无声，之后是一阵热烈的掌声，代表们纷纷从座位上站起来，表示热烈欢迎。

希尔伯特在会议上发表了感人至深的演说，希尔伯特在演说中同样表达了他的一贯精神：

"应该看到，作为数学家，我们是站在精确的科学研究的高山之巅……任何形式的限制，尤其是民族的限制，都是与数学的本质格格不入的。在科学研究中人为地制造民族的或种族的差异，是对科学极端无知的表现。"

"数学不分种族，""对数学来说，整个文明世界就是一个国家。"

多么精辟的思想，多么广阔的胸怀，多么高尚的人格，世界文明发展的历史可以为此作证。

在第二次世界大战期间，他依然如此。

在纳粹统治德国时，希尔伯特已经是70多岁了。他已经退休，但继续定期去大学讲课。

希特勒一上台，就立即颁布了第一号法令。希尔伯特学派因此受到了沉重的打击：学校接到当局命令，要他们辞退几乎所有从事教学工作的纯犹太血统的人。希尔伯特从不把科学家分成谁是雅利安人，谁不是。他不允许民族的、性别的或种族的偏见掺杂进去。哥廷根数学的繁荣得益于这种博大的精神。爱米·诺德从这种精神中得到了恩惠。

在第一次世界大战还没结束时，一位青年女性来到了哥廷根。她父亲是位数学家，并且是不变量之王果尔丹的朋友。可能受父亲的影响，爱米·诺德，这位女博士在数学上才能出众，是一位非凡的女性。她曾发表过多篇论文，而且当父亲生病时，时常在他班上代课。这位女博士虽然是刚到哥廷根，但她在抽象代数方面有深刻的研究，这正是希尔伯特研究相对论所必需的（爱米·诺德被称为抽象代数之母，她在科学上的成就，为爱因斯坦所称道）。

希尔伯特决定把她留在哥廷根大学工作。当时的德国社会，女性仍受歧视。哥廷根大学是德国第一所准许授予一位妇女以博士学位的大学——1874年破例授予俄国女青年柯娃列夫斯卡娅荣誉博士学位，但还没有女性学者走上讲台的先例。

希尔伯特要为诺德争取讲师的资格，这是相当困难的。要做讲师，必须提交论文，由哲学院教授会全体成员进行投票。哲学院中除了自然科学家与数学家外，还有语言学家、历史学家。希尔伯特历数她的数学成就，说明她的数学天才，要求批准她为讲师。他的提议引起了争论，尤其是非数学教授的极力反对，"一个女人怎么能当讲师呢？如果让她当了讲师，那她以后就会成为教授，成为大学评议会的成员，难道能允许一个女人进入评议会吗？"还有的人提出："当我们的士兵从战场上回到大学，发现他们将在一个女人的脚下学习，他们会怎样想！"

希尔伯特以尖锐的直截了当的方式回击道："先生们，我不认为候选人的性别是不能让她当讲师的理由。大学评议会毕竟不是澡堂。"可能是男尊女卑歧视女性的偏见的力量太大了，希尔伯特的努力没有成功。诺德没有取得讲师资格。希尔伯特又开始另想办法，他以自己的名义开课，请诺德主讲。在哥廷根的两年时间，诺德抽象代数的研究取得了极大的成果，经希尔伯特再三提议，教授会终于授予她讲师职称，但没有工资。后来又被批准为一名"非正式的特别教授"，仍没有工资，其地位一般来说，比普通教授还低。

这位女数学家成了哥廷根数学的学术领头人。她所主持的代数讨论班云集了一大批才华横溢的青年数学家。如在代数学史中常见到的名字：范德·瓦尔登、阿丁、亚历山大罗夫，还有中国的曾炯之。在哥廷根的后起之秀中，她是对未来数学的发展影响最大的一位。

1932年，她应邀参加了苏黎世国际数学家大会，并在大会上作了发言。可她从来没当选为哥廷根科学会的成员。希尔伯特在一次教授会上评论说："在过去这几年，我们到底选了几个有真才实学的人呢？""等于零，等于零啊！"

后来，纳粹政权开始疯狂迫害犹太人，诺德被列为清洗对象。希尔伯特带头联名上书给教育部长，要求继续留用她。然而没有成功，诺德离开了祖国，去了美国，在毛尔学院和普林斯顿高级研究所任教。

在抽象代数中有诺德环，诺德整环，诺德模……爱因斯坦高度评价她——据现代权威数学家判断："诺德女士是自妇女开始受到高等教育以来最重要的富于创造性的数学天才。"

希尔伯特以他特殊的方式，给人才、给数学以巨大的影响，使哥廷根数学之树根深叶茂。

对犹太血统清洗的最后通牒，落到了希尔伯特很多的朋友、学生身上，连希尔伯特的祖先也被审查过。

有人怀疑希尔伯特的名字不像雅利安人，希尔伯特不得不拿出前辈的自传，加以证明。

希尔伯特的助手库朗、爱米·诺德、海森堡、普朗克，都是被清洗的对象。对于希尔伯特来说，库朗不能走。库朗出生于一个不很富裕的犹太小商人家庭。从14岁起开始独立生活。他一边读中学，一边给一所女子中学学生作辅导，以此来维持生活和学习。库朗没有进过预科学校，完全靠自己的力量进入了哥廷根大学。入大学一年后，希尔伯特要从学生中挑选一名助手，帮他准备讲义，记录和整理讲稿，库朗做了希尔伯特的助手。

库朗毕业后，希尔伯特打算把他留在学校当讲师，可讲师的限额已满。于是希尔伯特想办法设立讲师资格者位置，留住了库朗。但在这个位置上工作，没有固定的薪金，薪金要从听课的学生的学费中支付。在希尔伯特指导下，库朗终于成为哥廷根大学的一名讲师。第一次世界大战时，库朗应征入伍。四年后，他结束了军队生活，返回哥廷根，重新开始他始终喜爱的数学研究，他的工作受到数学界的极大重视。

可是库朗仍然没有取得教授的职位。当蒙斯特大学的一位教授退休时，希尔伯特推荐了库朗。不到一年，希尔伯特和克莱茵又把库朗召了回来。库朗能回来，是很不容易的。希尔伯特和克莱茵想方设法，在哥廷根增加了三名数学物理教授，他们要库朗最终接替克莱茵的位置。

库朗对哥廷根立下了汗马功劳。他接替了克莱茵，负责哥廷根的行政事务。他脸形小巧，声音柔和。人们都记得"他的外表显得如何平淡无奇，处事如何优柔寡断。他又如何用几乎听不见的声音发牢骚，最终却能博得所有与他共事的人的欢心和尊敬"。

库朗接替了克莱茵，第一个改革措施，就是向文化部长提出申请，要求设置哥廷根大学数学研究所。他的申请终于被批准了。

库朗为新的研究所装备了一架早期的电动计算机。库朗有时将计算机借给学校使用，交换的条件是：在报纸公布迅速增长系数 $c(t)$ 数值前几小时，把这个情报透露给他。通过这种简单的办法，库朗大大提高了数学研究所预算资金的实际购买力，而得到的额外收入，绝大部分被用来填补战争所造成的阅览室藏书的严重空缺。阅览室是哥廷根数学活动的中心。哥廷根的数学活动围绕着库朗、爱米·诺德、兰道展开了，库朗出色地担负起哥廷根数学建设的行政事务，把哥廷根数学推向鼎盛。

希特勒上台后，哥廷根的学术研究受到严重破坏。库朗在第一次世界大战中，为德国作战，立过功，受过伤。

但因为他的犹太血统，使他不能免遭厄运。

希尔伯特听到那么多朋友要被"强迫休假"，这是清洗的代名词，心情烦乱到了极点。他要库朗去控告，"你为什么不去控告政府？""为什么不去国家法院？""这么干是非法的！"

希尔伯特老了，他已经不能敏锐地观察和理解德国目前的无法制状态。旧有的观念还根深蒂固，他身上还保留着强烈的忠实于法律的普鲁士信念。

人们还存有希望，也许会有例外。希尔伯特、海森堡、普朗克等28位著名科学家联名向政府请愿，挽留库朗等人。一封有关挽留诺德的信也交给了部长。在这些科学家中，希尔伯特的名字写在最前面，但无济于事了。

库朗不得不离开祖国。库朗在美国建立了美国第一个应用数学研究所——库朗数学应用研究所。在第二次世界大战期间，库朗研究所共完成194项军事科研项目，为反法西斯战争作出了卓越贡献。

魏依尔在库朗走后负责数学研究所的领导职务，1933年的整个春天和夏天，他都在奔忙着，努力拯救哥廷根的数学，保持哥廷根的卓越科学传统。

可魏依尔本人也自身难保，他的夫人有部分犹太血统，他也不安全。在美国的许多朋友替他担忧，写来长长的信，催促他当机立断，否则太晚了。最后，爱因斯坦说服了他，魏依尔也离开了祖国。

哥廷根没有了往日的沸腾的智力生活，冷冷清清。哥廷根人如云散，几乎只剩下希尔伯特一个人了。

希尔伯特精神矍铄。他对老朋友瑞利希说道："我曾下过决心，绝不重复听老人们讲过的一句话——过去多好、现在多糟，即使我老了，也决不说这种话。可是，现在，我必得要说了。"

希尔伯特的精神没有衰老，在困难中他总是不屈不挠。

在一次宴会上，新任命的教育部长坐在希尔伯特旁边，他向希尔伯特问道："现在哥廷根的数学怎么样？它已经完全摆脱了犹太人的影响？"

"哥廷根的数学？"希尔伯特目光冷峻，连看也不看这位部长一眼，答道："确实，这儿什么都没有了。"

战争，使德国和法国都失去了整整一代数学家。美国却幸运地发了无法估量的大财。几乎所有希尔伯特学派的成员和其他欧洲的科学家都永久移居到这个国家：库朗、德拜、弗朗克、冯·卡曼、兰德、冯·诺依曼、爱米·诺德、波利亚、魏依尔……

数学,万岁

1930年希尔伯特退休了。他开始享受荣誉了。最使他欣慰的是故乡哥尼斯堡市政会表彰授予他"荣誉市民"的称号。

荣誉市民的称号要在秋天的一个公开的集会上授予。届时,希尔伯特要在会上发表演说。

从1930年夏天,希尔伯特就开始准备讲稿。

岁月沧桑,希尔伯特想起了童年,同时想到了康德和他的碑文,想起了天空中的星星和内心的道德准则。他想起了哥尼斯堡的数学 哥尼斯堡的友谊、哥尼斯堡的传统。

从哥尼斯堡到哥廷根,他又想起了高斯、雅可比、克莱茵、数学和科学、生活和体验、历史与现实，他百感交集。

他要向哥尼斯堡市民讲述——认识自然和逻辑。

哥尼斯堡的秋天，似乎比旧日的秋天清冷，哥尼斯堡的儿子——希尔伯特回来了。希尔伯特非常兴奋，他的头几乎完全秃了，宽阔的额头与纤细的下巴相对照，异常鲜明。蓝色的双眼依然锐利而深沉。眼神还是那样的天真烂漫。站在讲台上，他环视了一下四方，坚定而有力，亲切而平和，他缓慢地开始了他的演说：

"认识自然和生命是我们最崇高的任务……"他讲到了逻辑、公理化方法、思维和经验、真理、爱因斯坦的相对论、经验、康德、数学……

这使人想起了大约三十年前他在巴黎国际数学家大会上的讲演："我们当中有谁不想揭开未来的帷幕，看一看在今后的世纪里我们这门科学发展的前景和奥秘呢？"

未来，未来，如巨大的磁石，吸引着他，崇高的责任感激励着他去引导人们解决那些数学问题，去认识世界的规律。他乐观而热情，勇敢而坚毅。

演说结束后，他又被邀请到当地电台再讲一遍演说的结论。他去了。面对陌生的仪器，他又发表了讲话，他的最后一句话是：我们必须知道，我们必将知道。这是他一生的信念。

当他的眼睛离开讲稿时，技师关掉录音的一瞬间，他笑了，笑出了声。演说最后部分的录音，现在还保存着。如果你仔细地听，在结尾处可以听到他那真实的笑声，感到历史就在眼前。

哥廷根的人制定了计划，开始收集和出版他的数学著作。他的学生布鲁门萨尔自1895年开始，一直在观察和研究老师的品德和成就，他要为全集写一篇传记。

第一卷要在希尔伯特70寿辰时献给他。

70寿辰的活动计划早早就安排好了。准备整整地庆祝一天。

魏依尔写了生日祝词，发表在《自然科学》上。他强调：希尔伯特的生日是德国数学家的高贵节日。

就在生日这一天，希尔伯特得到了第一卷特别的样本，正式的还没有印制出来。

生日之夜，在新建的数学研究所大楼里举行了庆祝晚会。老朋友和学生们从德国各地和国外回来，欢聚在一起。

希尔伯特的老朋友索末菲尔德为希尔伯特朗诵了他写

的诗篇：

　　对朋友，

　　他是忠实可靠的朋友；

　　对虚伪的空话，他是冤家对头。

　　希尔伯特发表了简短的讲话，回忆起给他带来莫大恩惠的巨大幸运：跟闵可夫斯基与赫维茨的友谊；莱比锡的时光；数学旅行遍访的果尔丹等数学家；他找到了终身的伴侣。

　　宴会之后是舞会。希尔伯特这位舞会上的骄子还是每曲必跳。

　　学生们开始了火炬游行。举着火把的学生队伍，冒雪游行来到这幢灯火通明的大楼门旁。他们为希尔伯特欢呼。希尔伯特走出来，站在台阶上。这激动人心的场面，是最后的句号吗？历史像快放的镜头一闪而过。有人在这时拍了一张照片，这一瞬间的画面被永久地固定下来。数学研究所里向外张望的著名人物的脸庞，再也拿不回去了。

　　面对学生能够给予教授的最高荣誉，希尔伯特用他一生的精力，一生的追求，永远的信念回敬着：

　　"数学，万岁，万岁，万岁！"

战争中的1942年1月，希尔伯特80寿辰。

没有宴会，没有朋友，仅有一篇献辞。

孤独自纳粹上台以来就开始伴随着他。

1933—1934年冬季学期以后，希尔伯特再也没去过研究所，一名纳粹官员当上了数学研究所的负责人。

希尔伯特夫妇起初对新政权采取了直言不讳的反对态度，这使许多留在哥廷根的朋友为他担忧。他们不信任许多留下来的人，也不相信新来的人，他们只好沉默了。

柏林科学院要纪念这次生日。经过表决，它要以这样的方式对希尔伯特表示祝贺：给那本《几何基础》以特殊的荣誉。这本书在希尔伯特所有的有影响的著作中，它对数学进步产生了最深刻的影响。

这是希尔伯特享受的最后的荣誉了。但很久以来，希尔伯特对这些已经淡漠了。

就在科学院作出这项决定的当天，希尔伯特跌倒在哥廷根的大街上，摔断了胳膊，接着由于受伤影响他身体的活动，引起了各种并发症。一年以后，1943年2月14日，他与世长辞了，享年81岁。

最后的日子又孤独又冷清，只有战争还在继续。

只有十来个人出席了在他居室里举行的丧礼。朋友中只有老朋友索末菲尔德——希尔伯特最早的学生从慕尼黑赶来，他站在棺柩旁边讲述了希尔伯特的工作。

希尔伯特被安葬在河边的墓地上。草地的墓碑上仅仅刻着姓名和日期。

当住在英国的玻恩看到《伦敦数学会会刊》宣布这一消息时，已经是秋天了。

在1935年，布鲁门萨尔在希尔伯特全卷最后一卷所写的传记里剖析了"伟大的数学才能"，"你必须区分不同的情况，一种是创造新概念的能力，一种是意识事物之间的深刻联系并使基本原理简明化的才能。在希尔伯特身上，你能看到一种不可抗拒的深邃洞察力，这正是他的伟大之处。……就综合能力而言，只有少数伟大人物能和希尔伯特相提并论。"

希尔伯特去世时，《自然》杂志登过这样的观点：世界上难得有一位数学家的工作，不是以某种途径导源于希尔伯特的工作。希尔伯特像是数学世界的亚历山大，在整个数学的版图上，留下了他那巨大显赫的名字。

希尔伯特空间，希尔伯特不等式，希尔伯特变换，希尔伯特不变积分……

不仅如此，在人类文明史上，永久地留下了极具生命力的希尔伯特精神。

在人类文明的长河中，希尔伯特精神将咆哮不息，激起一阵阵狂波巨澜。

那引诱一大群老鼠跟他走进数学深河的穿杂色衣服的吹笛手的甜蜜笛声，那悠悠扬扬一个世纪的笛声，21世纪的人还能听得到。

世界五千年科技故事丛书